一瞬でいい関係を築く

コミュニケーション大百科

イラスト&図解

COMMUNICATION SKILLS ENCYCLOPEDIA

アドット・コミュニケーション(株)代表
戸田久実
Kumi Toda

かんき出版

はじめに

コミュニケーションは永遠の課題

「言いにくいことを、どう伝えたらいい?」
「言いたいことがうまく整理できない…」
「とっさのひと言が出てこない…」
「相手のことをわかりたいけど、どう聴き出したらいい?」
「会話をしたいけど、どう切り出していいかわからない」
「どうしたら大勢の前でわかりやすく伝えられる?」

　人との会話で、悩むことはありませんか?

コミュニケーションに関わる研修や講演に登壇するようになって27年。私はこれまで22万人を超える方から相談、質問を受けてきました。そこで心から実感しているのは、いつの時代でも人間関係と、そこに必要となるコミュニケーションにまつわる悩みは尽きないということです。

　コミュニケーションの悩みの種類もじつにさまざまで、ビジネス場面にとどまらず、家族をはじめとしたプライベートでの人間関係にまで及びます。

　世代や、育った背景、置かれている環境によって、人の価値観は大きく変わります。そのため、とくに最近では、
「言わなくても察してくれると思ったのに…」
「え!? どうしてこんな反応をするの？」
「普通はこうするものだよね!?」
　といった声も多くなってきました。

本書は、コミュニケーションの悩みの代表にあげられる「伝える」「聴く」「質問する」「切り出す・切り返す」「大勢の前で話す」「仕事以外で会話する」という6つのテーマで解説しています。

　学生や新入社員から、若手社会人、リーダー、管理職の人たちまで、世代や立場を問わず活かせる内容ばかりです。

　伝え方次第で、人生は180度変わります！
　コミュニケーションの質をぐっと上げて、人生を変えましょう。

2019年2月　戸田久実

〈イラスト&図解〉コミュニケーション大百科
【目次】

はじめに ……………………………………………………………… 3

第1章
伝える
▶ ゴールは、相手に理解してもらうこと

言いたい「核」を明確にする……………………………………… 16
できる人は相手に合わせた「たとえ」で語る ………………… 18
自分の主張を押し通すより、「相手の話を聴く+提案する」……… 20
へりくだりすぎる言葉を使うと見下される…………………… 22
ぼんやりした表現は相手の頭をぼんやりさせる……………… 24
相手の反撃にあわないよう語尾までしっかり伝える………… 26
「WHY」のある話が腹落ちへの第一歩 ………………………… 28
「怒り」はリクエストとして伝える……………………………… 30
言いにくいことこそシンプルに伝える………………………… 32
「〜してはダメ」ではなく「〜するとヨイ」が
相手をその気にさせる …………………………………………… 34
頼みごとは、「○○さんだから」で特別感を出す……………… 36
「できる」「できない」の境界線は明確に伝える……………… 38
仕事の話をするときは、何の話かはじめに伝える…………… 40
どちらが正しいかケリをつけようとしない…………………… 42

断るときは「できません」より「その代わり」を付け加える……44
セクハラにはユーモアを交えてピシャリと返す……46
お金のことこそ、率直に伝えよう！……48
決めつける言い方をする人は嫌われる……51
「どうせ」は自己防衛から生まれるズルイ言葉……52
自分の意見や思いは「これは私の主観です」と伝えよう……54
指摘しづらいハプニングは「…」で濁す……56
相手の心を和らげるひと言が人間力の差をつける……58
相手を責めるのではなく事実を伝える……60

第2章
聴く

▶ ゴールは、信頼関係を築くこと

話の乗っ取りは相手を不愉快にさせる……64
人の話が整理できない人は、自分の話の整理もできない……66
相手があわてているときこそ、ゆったりと構えて聴く……68
返す言葉に困ったらうなずきで場つなぎ……70
中断された話を元に戻す配慮をしよう……72
言葉を発する前の「間」で重みを持たせる……74
「理解した」とわかるように反応を言葉にする……76
同意できない話に否定的な反応はしないこと……78
相手の怒りの裏側にある感情を察して共感する……80
あいづちも挟めないときは表情で反応を返す……82

言葉にしていない相手の気持ちを代弁する……84
打ち切りたい話は「〜ということで」のあとにお礼で締める……86
話しかけられたときの表情にその人の素が出る……88
事実と主観を切り分けて聴く……90
女性からの不満の声にはアドバイスは不要……92
アイコンタクトをないがしろにしない……94

第3章
質問する
▶ ゴールは、相手を理解すること

意図がわからない質問は相手を戸惑わせる……96
相手が回答に困ったら、「たとえば…」と例示する……98
NOと言われたときこそ質問のチャンス……100
「自分の当たり前と違う!」と思ったときこそ、質問をしてみる……102
自分の話が続いたと思ったら、
「○○さんは?」と質問して相手にバトンタッチ……105
「〜はしないですよね?」疑いの質問は、
相手を不快にさせる……106
相手が深刻な相談をしてきたら、
まずは受けとめてから聴き出す……108
口数が少ない人へは二者択一の質問をする……110
核心をつく質問で、ごまかせない相手だと思わせる……112
過去に囚われている相手には
未来に目を向けさせる質問をする……114

不満しか口にしない相手には
「あなたは何ができるのか?」と問い返す……… 116
電話で相手の名前が2回も聞き取れない! どうする?……… 118
事例を出して「そういえば…」を引き出す……… 120
聞きにくいことは「さしつかえなければ…」を挟む……… 122

第4章
切り出す、切り返す
🚩 ゴールは、嫌われずに意思表示できること

マウンティングには応戦しない……… 124
嫉妬には変化球でさらりと返す……… 126
女性のねじれた嫉妬には明るく切り返す……… 128
男性からの根深い嫉妬には、相手を立てて返す……… 130
質問の「なぜ?」を詰問の「なぜ!?」にしない……… 132
相手の涙には冷静に切り返す……… 134
売り言葉に買い言葉を防ぎたいときは
勝ち負けの発想を捨てる……… 136
いきなり怒鳴られたら、ひと言だけ返してその場を立ち去る……… 139
相手の間違いを突っつかないで言い分を切り出す……… 142
答えたくない質問には質問で切り返す……… 144
自虐ギャグには明るく否定して返す……… 146
ほめられたときには、謙遜しすぎず相手のことも立てる……… 148
グループで話していない人にもさりげなく話を振ってみる……… 150

誘いの断りや、好みではない異性の紹介は
「お礼＋断り」 ……………………………………………………… 152
裏付けのない「大丈夫」は相手をイラッとさせる ……… 156
苦手な相手と帰りが一緒になりそうなときの対処法 … 158
名刺交換のときの気の利いたひと言 ……………………… 159
上司と２人きりになったら、上司の好きな話題を振る … 160

第5章
大勢の前で話す
▶ ゴールは、聴衆の心を惹きつけること

自分の話に値引きシールは貼らない …………………… 164
無理にジョークで始めなくていい ………………………… 166
はじめの挨拶で聴衆を惹きつける ………………………… 167
「うん」と相手がうなずく程度の間を入れる …………… 168
プレゼンテーションでは、まず全体像を示す ………… 172
台本をそのまま読み上げていては、熱意は伝わらない … 174
一本調子の話は１分で飽きる ……………………………… 176
ジェスチャーは聴衆の人数に比例させる ……………… 178
強調したいことは「です・ます」を使わずに言い切る … 180
意見を伝えるときは結論から述べる …………………… 181
聴衆の反応を拾えると一体感が生まれる ……………… 182
パワーポイントは、１枚１メッセージでまとめる …… 184
パワーポイントは、紙芝居のように解説する ………… 186

何を言いたかったか、キーメッセージで最後を締める……… 188
緊張したら、自分の状態を心の中で実況中継……… 190

第6章
仕事以外で会話する

▶ ゴールは、気持ちのよい関係を築くこと

会話中に自分の言いたいことばかり
考えている人は嫌われる……… 192
何度も同じ話を繰り返す人には、さらりと切り返す……… 193
「離婚したい」「会社を辞めたい」という相談を
何度もされてうんざりしたとき……… 194
「悪い！」と思ったら、「今さら」と思わず謝る……… 195
落ち込んでいる相手には励ますよりも
「話して楽になるなら聴くよ」……… 197
お悔やみの気持ちは、言葉少なく思いを込めて言う……… 198
別れ際の印象は余韻として残る……… 200
「愚痴を言っていい？」と予告すると
受け入れてもらいやすい……… 202
「○○さんに話してよかった！」
ネガティブな内容を話したときこそ伝える……… 203
紹介してもらったら、その後のお礼と報告が次へつながる……… 204
目上の立場だからこそ、話しすぎに注意！……… 205
「余計なお世話！」と思うことには匂わせながらかわす……… 206
お金の話題は、逃げずに要点を切り出そう……… 209

巻末付録
仕事&プライベート
とっさのときのフレーズ集

［職場・仕事編］

盛り上がる飲み会を、途中で失礼するとき ……………………………………… 214

入社してきたばかりの新人を飲みに誘いたいとき……………………………… 214

相手が忙しそうにしているときに、話しかけたいとき………………………… 215

とっても忙しい同僚に、仕事をお願いしたいとき……………………………… 215

先輩や上司の指導方法に疑問があり、
相手との関係を悪化させずに、自分の意見を伝えたいとき ………………… 216

相手の対応の遅さを改めてもらいたいとき …………………………………… 216

自分の仕事をあまり評価してもらえていないと
感じるとき(上司に対して)……………………………………………………… 216

自分がミスしたことを報告するとき …………………………………………… 217

ミスをしているのに、謝らない部下に意見を言いたいとき…………………… 217

同じミスを3回以上繰り返してしまった際に、
謝罪の気持ちを伝えるとき ……………………………………………………… 218

何度言っても同じミスを繰り返し続ける
部下・後輩に注意をしたいとき ………………………………………………… 218

ベロベロに酔った上司に絡まれたとき ………………………………………… 219

お酒に酔って絡んできた相手が、
翌日覚えていなくて腹立たしくなったとき …………………………………… 219

ほかの同僚に、自分の手柄を横取りされたとき……………………………… 220

何度も同じことを繰り返す部下にガツンと言いたいとき…………………… 220

納期を早めてと依頼したいとき ………………………………………………… 220

担当者を変えてほしいとお願いするとき ……………………………………… 221

大事な打ち合わせに遅刻されたとき ………………………………………… 221
メンタルが弱い相手に仕事の指摘やお願いをするとき ……………………… 221
取引先の担当者に不手際が多く、仕事に支障をきたしそうなとき ………… 222
突然依頼された仕事の急な変更を余儀なくされたとき ……………………… 222
プレゼンで、即答できない質問を受けたとき ………………………………… 223
マイナス発言が多くて、場の雰囲気を乱す人にひと言いいたいとき ……… 223
「社内の人間関係がつらいんです」と後輩から言われたとき ……………… 224
会議で議論が荒れてしまって、仕切り直しをしたいとき …………………… 224
一方的に言い分を押しつけられたとき ………………………………………… 224
高圧的な上司に厳しく叱責されて、硬直してしまうとき …………………… 225
こちらの伝えている意図が伝わらず、
相手に誤解されて受け取られてしまったとき ………………………………… 225
自分が知らないことを指摘されたとき ………………………………………… 225

［プライベート編］

パートナーが記念日や誕生日を忘れているとき ……………………………… 226
夫（妻）と休日の過ごし方について話し合いたいとき ……………………… 226
たまに夫（妻）に感謝の気持ちを伝えたいとき ……………………………… 227
両親への感謝の気持ちをこれまで伝えたことがないけれど、
ちゃんと伝えたい ………………………………………………………………… 227
ありがとう以上の、感謝の気持ちを伝えたいとき …………………………… 227
尊敬できる人物に会えて緊張している中で、お礼を伝えたいとき ………… 228
子どもから嘘をつかれたとき …………………………………………………… 228
パートナーや近しい人に嘘をつかれていたことが判明したとき …………… 229
いつもしっかり者と思われているけれど、
そろそろつらくなってきたとき ………………………………………………… 229
相手から傷つくことを言われたとき …………………………………………… 230

腹の立つことを言われて、
何日たっても消えない怒りが湧いてきたとき ………………………………… 230
夫に義理の両親に意見を言ってもらいたいとき …………………………… 231
嫌われたくなくて我慢してきたけれど、はっきりと伝えたいとき ………… 231
当日にキャンセルするとき ……………………………………………………… 232
ずっと貸している本を返してもらえないとき（おそらく忘れている）………… 232
人に迷惑をかけても謝らない相手に、腹が立っているとき ………………… 233
いつも返信が遅い相手に、
もっと早く返信するようにお願いしたいとき ……………………………… 233
何か話をしなければいけない中で、緊張してしまっているとき …………… 233
会話をしている友人の歯に青のりや鼻に鼻くそがついていたとき ………… 234
パートナーの匂いが気になったとき …………………………………………… 234
パートナーから、趣味の悪いプレゼントをされたとき ……………………… 235
義理の両親から、ほしくないものをもらったとき …………………………… 235
パートナーから自分の親の悪口を言われたとき ……………………………… 236
転職や独立など、進路の相談を家族にしたいとき …………………………… 236
胸が小さい、太っているなど、
気にしている容姿のことを言われて不快になったとき ………………… 237
ママ友からの誘いを断りたいとき ……………………………………………… 237
告白を断るとき …………………………………………………………………… 238

おわりに …………………………………………………………………… 239

カバーデザイン	井上新八
本文デザイン・DTP	谷元将泰
イラスト・図版	遠藤庸子・hashigo（silas consulting）
編集協力	星野友絵・遠藤庸子・小齋希美（silas consulting）

第1章

伝える

ゴールは、
相手に理解してもらうこと

言いたい「核」を明確にする

　伝わる言い方ができている人は、言葉にする前に「何をわかってほしいのか」をはっきりさせています。

　言いにくいからといって遠回しに伝えたり、自分でも何を言っているのかわからなくなってしまうと、相手にも伝わりません。事前に「これをわかってもらいたい」という棚卸しをする。ここが大切なポイントです。

> NO残業DAYを守らず、
> 連日22時頃まで残業する女性部下に対して

❌「毎日かなり仕事を抱えているみたいで大変そうね。残業も多いようだし、ワークライフバランスも考えなければいけないと思って。もしよかったら相談してね」

POINT
- 「残業せずに定時で帰ってほしい」という核が伝わらない
- 強く自己主張をするタイプからは「大丈夫です。私、仕事好きですし、帰宅してもすることはありませんし。気にしないでください」と、言われてしまうことも…

第1章
伝える

◯「毎日かなり仕事を抱えているみたいね。いつもありがとう。残業も多いみたいだけれど、NO残業DAYは残業せずに定時退社してもらえないかしら。もし終わらないような状況であれば、仕事の量を調整しましょう」

POINT
- はじめに核のメッセージをはっきり伝える
- できない場合の代案を伝えるとさらに◎

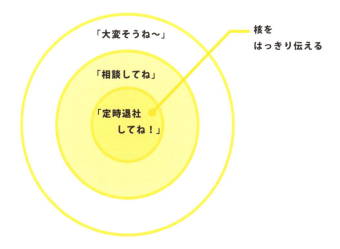

できる人は相手に合わせた「たとえ」で語る

　上級者は何かを説明するとき、"たとえ"を入れて語ります。
　理解度や価値観が違う部下に伝えなければならない場合や、経験していないことをお願いするときは、「たとえる力」が必要です。
「たとえば、□○△といったふうに取り組んでほしいんだ」と例を入れると、部下にとってもこちらの言っていることがイメージしやすくなります。伝えている内容が理解されないと、そのとおりに動いてもらえず、仕事の結果はもちろん、関係にも支障をきたしてしまうことも…。

　印象に残したいときにも、たとえを使うと効果的です。
　私は、プレゼン研修の際に、論点がぶれてしまうから、あれもこれも盛り込んだ話をしてほしくないというメッセージを伝えたいとき、「幕内弁当のような話をしないでくださいね」と、言うことがあります。何を食べたか記憶に残りにくいという意味が伝わり、「論点がぶれないように、要点を絞って伝えてくださいね」と言うより印象に残るようです。

第1章
伝える

「コミュニケーションはキャッチボールにたとえられる」ことを伝えたいとき

「自分のボールを投げる前に、まずは相手のボールをキャッチしてから投げます。『〜とお考えなのですね』『〜と思っているのですね』と、話し手の意見や主張をまずは受けとめてから『私の考えは…』と、自分の意見を伝えるようにしましょう」

自分の主張を押し通すより、
「相手の話を聴く＋提案する」

　自分の言いたいことだけをただ一方的に伝えようとする人は、幼稚に思われてしまいます。

　我が強いと思われずに自己主張できる人は、単に持論をぶつけるだけではなく、相手の話に耳を傾けながら話し合うという建設的な議論ができます。

　ポイントは、相手の話が自分の意見とは異なっていても、途中で遮らないことです。

❌「おっしゃることはわかりますが」
　「でも」「そうは言っても」

POINT　●否定的・批判的な反応をしない

⭕「△△さんのご意見は、〜ということですね」
⭕「私は〜と考えておりますが、○○さんはどうお考えですか？」

POINT　●相手の話を聞き出す配慮もあると、さらに◎

第1章
伝える

✗「こういうときは、〜しますよね!?」
「普通は〜するよね!? どうしてそうしないの？」

POINT ●攻撃的な言い方は幼稚に思われる

○「〜と考えているんだけど、どうかな？」

POINT ●提案として受けとめてもらえるように伝える

← 幼稚なわがまま

- 否定的
「でも」「そうは言っても」
- 批判的
「おっしゃることはわかりますが」
- 攻撃的
「こういうときは〜しますよね!?」
「普通は〜するよね!?」

聴く＋提案 →

- 肯定的
「△△さんのご意見は
　〜ということですよね」
- 相手の話も聞き出す配慮
「私は〜と考えておりますが、
　〇〇さんはどうお考えですか？」
- 提案として受けとめてもらう
「〜と考えているんだけど、どうかな？」

へりくだりすぎる言葉を使うと
見下される

　とくに仕事の場面で、丁寧だと思って過剰な表現をする人がいます。
　たとえば何かの確認をお願いするとき、
「このようなことをお願いするのは大変恐縮ですが、ダメなら断っていただいてもかまいません。本当に申し訳ありません」
「お忙しいところお手をわずらわせてしまい、申し訳なくて…大変心苦しく思います」
　と、言ったりしていませんか？
　何も悪いことをしているわけではないのに、
「申し訳ございませんが、よろしくお願いいたします」
　と、繰り返し伝えたりしていませんか？

　これらの表現を多用する人は、「仕事が丁寧」と思われるより、相手から見下されてしまう傾向が強いので要注意です。「この人には何でもお願いしていいや」と思わせたり、「この人には強く言っても大丈夫だ」「こちらの思いどおりにコントロールできるかも」と思わせてしまうのです。必要以上のへりくだり表現は控えましょう。

第1章
伝える

　もうひとつ、「すみません」を繰り返す人も要注意です。
　相手に何かを頼むときに、申し訳なさそうに「すみません」を多用すると、
「私は、『すみません』と何度も謝られるようなことをしてしまっているのだろうか」
　と罪悪感を抱かせてしまったり、
「本当に悪いと思っているの？　これ以上何も言わせないように自分を守ろうとしていない？」
　と不快感を与えてしまうことも…。へりくだり過ぎの表現は控えましょう。

ぼんやりした表現は
相手の頭をぼんやりさせる

　何かを頼むときや説明するとき、抽象的な表現で言うのと具体的な表現で伝えるのでは、どちらのほうがはっきりわかりますか？

　ぼんやりした表現は、相手の頭もぼんやりさせてしまうのでNGです。

「中学生でもわかるくらい明快に」を意識しましょう。

❌「主体的に動いてね」
⭕「わからないことがあったら、教えてもらうのを待つのではなく、自分から確認の相談をしにきてね」

❌「メールは早めに返信してね」
⭕「メールは遅くとも24時間以内には返信してね」

❌「ちゃんと片づけてね」
⭕「部屋の床には何も置かず、しまうべきところに片づけてね」

❌「挨拶はちゃんとしてね」

第1章
伝える

〇「挨拶するときは、作業の手をとめて目を合わせしてね」

これぐらい具体的に言わないと、共通認識にならずにずれてしまいます。
「なるほどね！　わかった」と相手がわかる表現を意識してみましょう。

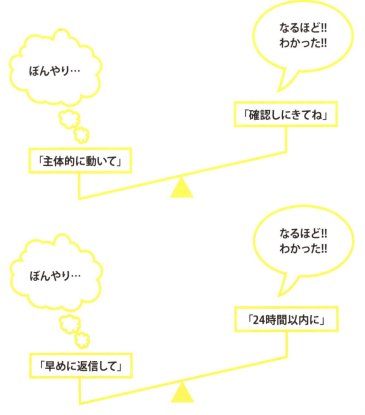

相手の反撃にあわないよう語尾までしっかり伝える

「…」で終わる語尾を使うと、相手の反撃を招きやすくなります。お願いしづらいことを頼むときや、意思表示をしなければいけないとき、依頼ごとを断るときなどに相手から言い返されてしまう人がいますが、このタイプの人たちには、はっきりした特徴があります。

それは語尾まで言わずに、
「○○なんですけど…」
「〜をお願いしたいのですが…」
「〜は致しかねますが…」
といった曖昧な言い方をすること。

これでは自信のなさが透けて見えてしまい、言い返すスキを与えてしまっていることになります。言いづらいことを伝えなければいけないときほど、語尾までしっかり伝えましょう。

🅾 「恐れ入りますが、〜のようにお願いできますでしょうか」と伝える

第1章
伝える

相手が「しょうがないかな…」という反応を見せたとき

○「どうぞよろしくお願いいたします」

POINT
- クッション言葉＋相手に判断をゆだねるお願いの仕方（依頼形）が効果的
- 反撃を防げる

○「申し訳ありません、〜のため致しかねます。ご理解いただけますでしょうか」
＋「ご理解いただけますと助かります」

POINT
- 反撃のスキを与えずにすむ

社内のお局さまのようなお願いしづらい存在の人に、依頼ごとがあるとき

○「○○さんに力を貸していただきたいことがあります」
○「○○さんにお願いしたいことがあるのですが、よろしいでしょうか」

ぜひ、語尾までしっかりと伝えましょう。

「WHY」のある話が
腹落ちへの第一歩

　相手を説得したいときや、行動をうながしたいときに、ぜひ意識してほしいのは、「WHY（なぜ）」という理由を伝えることです。

　たとえば「夕方17時までにA社宛の資料を作成しておいてください」と言われるより、「先方が自社の会議でこちらの新たな提案を議題にあげられるように、どうしても17時までに資料が必要なのです。お願いできますか？」と言われたほうが、相手も受けとめやすくなりませんか？

　ほかにも、ルールを設けるとき。パートナーとの間で何か変えたいことがあるとき。新しく何かを始めたいとき…。「○○をしたいのです。なぜなら…」という説明を心がけましょう。人は「なぜ」という理由・根拠が腹落ちしたとき、自発的に行動にうつすものだからです。

第1章
伝える

相手に注意をうながしたいとき

❌「なぜなら…会社で決まったことだから。上の人たちがうるさいから」

❌「なぜなら…社会人として当たり前のことだから」

POINT ●押しつけに感じてしまう

⭕「帰宅する際は、デスクの上には書類は置かず、引き出しにしまってほしいんだ。なぜかというと… 帰宅後に清掃業者の人が作業をするときに、間違って捨てられてしまうことも考えられるから。最悪、機密事項の紛失という事故になって、組織の信頼を揺るがす事態にもつながってしまうんだ」

POINT ●理由がわかると納得できる

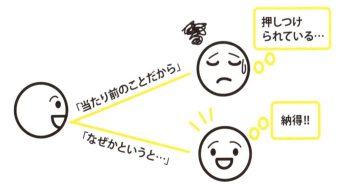

「怒り」はリクエストとして伝える

　湧いてきた怒りをそのまま相手に感情的にぶつける人は、幼稚だと思われてしまいます。
「バカじゃないの？　いい加減にしてよ！」
「何度言ったらわかるんだ！　こんなにひどい仕事をする人は見たことがない！」
　これでは、お互いに不快な気持ちになるだけで、相手の行動が改善されることはありません。
　何が嫌だったのか、どんな気持ちになったのか、そして相手にどうしてほしいのかを伝えましょう。これができれば、言う側もスッキリし、言われる相手も、怒った側の気持ちを理解しやすくなります。「怒り＝悪いもの」ではなく、相手へのリクエスト。そうとらえると、少し言いやすくなりませんか？

仕事やプライベートの場で、
　まわりに協力的でない人にひと言言いたいとき

　❌「なんで手伝わないの？」

第1章
伝える

○「お願いがあるんだけどいい？ みんなで一緒に取り組んでいることには、○○さんにはできれば協力してほしいと思っているんだ。たとえば繁忙期の電話の取り次ぎのとき…」

POINT　●相手を責めずに言う

報告書の誤字が多く、何度か指摘しても
改善が見られないとき

○「報告書の誤字の件だけど、今後は入念にチェックし、誤字がないように気をつけてほしいんだ。この報告書は私が見るだけではなく、上司、内容によっては他部署、取引先も見るものだから、誤字がひとつあるだけで、信頼をなくすことも考えられるよ」

怒りは自分が「～してほしい」と思ったこと、「～するべき」と信じていることが守られず、そのとおりにならないときに抱く感情です。
だからこそ、怒りを感じたら、「～してほしい」「～してほしかった」とリクエストとして伝えましょう。

言いにくいことこそシンプルに伝える

　人は思っている以上に他人の話を聴くことができません。まわりくどい言い方をされると、それだけで聴き手はイライラしてきます。

✗「あの…○○のことで、ちょっとご相談があるのですけど…。この間の会議で2週間後に企画案を締め切ると言われたのですけれど…やる気はあるし、とりかかりたいのですけれど、仕事が立て込んでいて、その作業が3週間ぐらいかかりそうで…その仕事をしながら企画案を考えるとなると、どこまでできるのかが心配で…間に合うのかどうか…」

POINT
- 延々「。」のない言い方をされると、「で⁉　結局、何が言いたいの⁉」と聴き手のイライラも最高潮に
- 言いにくいことこそ、ひと言で言い切れるくらい1文を短く、要点だけ伝える

○「提出しなければいけない企画案についてご相談があります。2週間後の締め切りに間に合わせるために、○○の仕事を調整する必要があります。現在5割ほど進

んでいるのですが、こちらの仕事を２日ずらしてもよろしいでしょうか？」

会社や打ち合わせに遅刻してしまったとき

❌「朝はちゃんと起きて家を出たんですけど、電車が遅れてしまって遅刻してしまったんです」

⭕「遅刻して申し訳ありませんでした。○○の理由で（電車の遅延で／前の仕事が押してしまい）遅れてしまいました。みなさまをお待たせし、申し訳ありませんでした」

> **POINT**
> - まずはお詫びをする
> - 先に理由を伝えると、言い訳を盾にしているように受け取られがち
> - 最後にも改めてお詫びをする

　相手に注意をするときも同様です。
「□□してほしいので、次から○○してくださいね」と要点だけ短く伝える。そのほうが相手のプライドを傷つけず、こちらの言い分も伝わりやすくなります。
　言い慣れていない場合は、言葉にする前にメモに書き出しておくといいでしょう。

「〜してはダメ」ではなく「〜するとヨイ」が相手をその気にさせる

　相手にいい動きをしてほしいとき。
「○○してはダメ！」とだけ言われると、否定された気持ちになりませんか。
　反対に「○○するといい！」と言われると、そう動けばいいのかと、相手も受け取りやすくなります。
　とくに部下や子どもなど、自分より目下の人に伝えるときには心がけるといいでしょう。そのほうが、相手の行動が変わりやすくなります。

　できたときには「ありがとう」「○○してくれて助かった」というお礼や「〜できたね」と相手を認める言葉も忘れずに。
　とくに最近の新入社員は失敗を恐れる傾向にあります。
「〜してはダメ」と言われると萎縮してしまう人や、「〜できなかったらどうしよう…」と不安に感じてしまう人もいます。

　相手をその気にさせる言い方を心がけたいですね。

第1章
伝える

❌「1カ月以内にここまでの仕事を覚えなくてはダメだよ」

POINT
- 失敗を恐れてビクビクしてしまう
- なかには反抗する人も出てくる

⭕「1カ月以内にここまでの仕事を覚えると、次のステップの仕事が頼みやすくなるよ」

POINT
- 「〜するとよい」と言われたほうが、同じ内容でも受けとめやすくなる

頼みごとは、「○○さんだから」で特別感を出す

　何かを頼んだり、あまり人には言えないことを打ち明けるとき、「○○さんだから言うことなんだけど」という言葉を添えるのもおすすめです。

　ただし、同じ相手に何度も使うのはNGです。
「調子のいいことを言っている」
「この人、誰にでもそんなことを言っているのでは？」
「○○さんだから、と言って、いい気分にさせて動かそうとしているのでは？」
　などと疑念を抱かせてしまう可能性もあるからです。

　どこでも多用すると不信感を抱かせる原因になってしまいますが、「ここぞ」というときには、ぜひ使ってみてください。

第1章
伝える

- ⭕「ほかの人ではなく、○○さんにしかできないことなんだ」
- ⭕「○○さんだからできることだと思って、お願いしたいんだ」
- ⭕「○○さんだからつい頼ってしまうんだよね」

POINT
- あなたはほかの人とは違うというメッセージが伝わる
- とくに自尊心が高い人には効く

「できる」「できない」の境界線は明確に伝える

　何かをお願いされたとき、「何でも引き受けます！」と言うだけ言って結果的にできないと、信頼を大きく失ってしまいます。
「NO」「できない」と言うと相手をがっかりさせてしまうのではないか、信頼を失ってしまうのではないか…と思う人もいますが、決してそうではありません。
　仕事にとりかかる前でも、とりかかっている途中でも、できることとできないことは明確にしておきましょう。何でも引き受けて中途半端な結果になるより、はじめに境界線を伝えておいたほうが、相手に対しては親切です。

上司から仕事の依頼をされたとき

〇「ご指示があった会議の議事録は期日までに仕上げます。ただ、今抱えている案件もありますので、各支店の売上データのまとめまでは間に合いそうもありません。恐れ入りますが、ほかの方にお願いしていただけないでしょうか」

第1章
伝える

- ○「会議の資料は準備できるのですが、しかし申し訳ありません。当日の司会進行はどなたか慣れている方にお願いできないでしょうか。まだ経験がないので、一度進行の仕方を見せていただけると助かります」

友人のお祝いの幹事を依頼されたとき

- ○「レストラン（お店）は私が手配するから、プレゼントの手配はお願いしてもいい？ 買い物に行く時間がないのでお願いできると助かるな」

締切の日までに仕事が終わらなさそうなとき

- ○「申し訳ありません。□□の仕事なのですが、お約束の期限に間に合いそうにありません。あと2日はかかりそうなのですが、いかがいたしましょうか」

POINT ●間に合わないとわかった瞬間に報告をする

　このように、「できる」「できない」の境界線を明確に伝えると、互いの役割がはっきりして相手にも親切です。

仕事の話をするときは、
何の話かはじめに伝える

　部下から「話したいことがあるのですが…」とだけ言われて話を切り出されると、上司は「いったい何の話なんだろう…」と、戸惑ってしまいます。

　あなたが話を切り出す側になったら、まず相談なのか、連絡なのか、情報共有なのか、何の話なのかを冒頭で伝えましょう。それから具体的な話を説明するようにしたほうが、聴き手は安心して耳を傾けることができます。

上司と取引先との打ち合わせ後にやりとりするとき

- ○「ご報告です。A社の△△さんと打ち合わせをしたのですが、こちらからのご提案を採用してくださいました。今回の案件は〜円で受注できました」
- ○「A社との案件について、ご相談があります。打ち合わせ時に、こちらが提案した金額を10%値引きしてくれないかというご要望がありました。私のみで判断できないため、上司と相談するとお伝えしました。どのように対応したらよろしいでしょうか」

第1章 伝える

> 提案書を出しても、上司から何の反応もなくて催促したいとき

○「恐れ入ります。○日に提出した提案書は、ご覧いただいていますでしょうか。できればご意見（結果）をお聞かせいただきたいのですが、いかがでしょうか」

> 上司と意見が違うが、どうしても通したい意見があるとき

○「部長、ご相談があります。部長のご意見は〜ということですが、私は〜と考えております。ぜひもう一度ご検討いただけませんでしょうか」

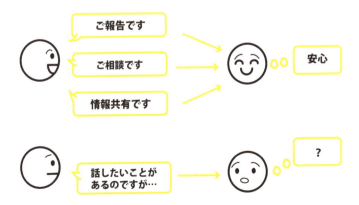

どちらが正しいか
ケリをつけようとしない

　さまざまな人と接するなかで、価値観が違うこと、意見が食い違うことはありますよね。とくに「これは当たり前」「常識」と自分が思っていることが、「相手と違って頭にくる」といった相談をされることが最近多くなってきました。

　でも、価値観は人それぞれ違って当たり前です。
　中途入社の人が多い職場では、それぞれ前職の違う風土を背負ってくるわけですから、なおさら多様な考えが存在するものです。

❌「普通、仕事の段取りは〜するよね！　そんなやり方はしないよ」

POINT　●自分の主張を押し付け、相手のやり方を否定しない

⭕「そうか、役員会議でまずは提案したいということなんだね。どうしてそう考えたか教えて？」
⭕「そうか、そのほうが早く提案が通ると思ったんだね。今回の仕事に関しては、まずは他部署への根回しから

第1章
伝える

お願いしたいんだ。なぜならうちの会社の場合…」

POINT
- 相手の考えに耳を傾ける
- 話し合う姿勢を見せる

「飲み会の乾杯には普通ビールを頼むだろ！」
「目玉焼きにソースなんておかしいよ！」
　こういう言い方をすると、相手がおかしいかのように聞こえます。
　でも、<mark>相手をやり込め、自分の正しさを証明することがコミュニケーションのゴールではありません。</mark>
　自分の考えや価値観が当たり前なのではなく、むしろ人それぞれ違うことが当たり前。お互いの違いを知り、それを認めることが大切です。

　決めごとをしなければならないときは、自分の考えや思いを相手にわかってもらえるように伝え、「なぜそう考えている？」「なぜ、そう思った？」というように、相手の考えや思いにも耳を傾けて話し合いましょう。
　意見や価値観が違う相手と何かを決めなければならないときや、自分の思うとおりに動いてもらいたいときには、とくにこういったアプローチが効果的です。

断るときは「できません」より
「その代わり」を付け加える

　相手の要求を断らなければいけないとき、「できません」という答えだけで終えてしまうと、そこで関係が終わってしまうこともあります。

　本当はできることはしたいと思うけれど、要求どおりにはできないという場合には、「その代わり○○ならできる」という代替案を用意しましょう。一気に信頼感がアップします。

◯「いただいた案には、残念ながらお応えすることができません。ただ、その代わりこちらの案でしたらご協力できるのですが、いかがでしょう」

POINT　●提案したいことがあるときには、相手の要求を飲む代わりにこちらからも言いたいことを提示してもOK

第1章
伝える

相手の要求を飲むとき

○「今回はそのとおりにしますが、今後は〜してはいただけないでしょうか」
○「今回は〜の金額でお受けしました。できれば○○の件も弊社にお任せいただけないでしょうか」

セクハラにはユーモアを交えて ピシャリと返す

　セクハラ発言をされたとき、あなたならどう返しますか？
　確かに不快な気持ちにはなってしまうものですが、それをそのまま「セクハラですよ！」と声高に言い返すと、その場の空気が険悪なものになってしまいます。こちらが悪くなくても「あの人は冗談が通じない人だ」と、逆にレッテルを貼られることも…。

　言える相手なら、まずユーモアを交えて返しましょう。悪気なく言っているケースもあるので、ユーモアを込めながらピシャリと返すのが、コミュニケーション上級者。私が知っているコミュニケーション上手の方たちは、セクハラ発言への切り返しがとても上手です。

目上の人からセクハラ発言をされたとき

○「今おっしゃった『君はまるで肉団子のようだね』という発言、いつも紳士な○○部長に言われるなんて、ショックですよー」

第1章
伝える

言ってもよさそうな間柄の場合

○「胸、大きいね。バストいくつ？」→「2つですけど〜」
○「太ったんじゃない？」→「幸せなもので！」

場の空気を悪くさせずにかわすスキルは、じつはセクハラ現場以外でも役立ちます。

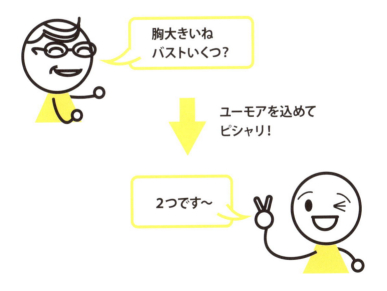

お金のことこそ、率直に伝えよう！

「言いづらい話題は何ですか？」というアンケートで、かならず上位にランクインするのがお金のことです。お金のことを言い出すのは図々しいと思い込んでいる人が多いようですが、その思い込みは手放しましょう。

仕事をするうえでは、プロであればあるほど、お金のことをスマートに言葉にできます。時間がたてばたつほど余計に言いづらくなってしまう内容でもあるので、できるだけ早く、落ち着いて端的に伝えることを意識しましょう。

交渉時に価格を下げて依頼したいとき

〇「ご検討いただきたいことがあります。ご提示いただいた金額ですが、（私どもでは予算が決められておりまして）〜円にしてはいただけないでしょうか」

第1章
伝える

相手が期待していた働きをしてくれず、報酬金額を下げる交渉をしたいとき

○「今回の報酬のことで、ご相談があります。こちらがお願いしていた仕事の成果が感じられませんでした。具体的に言うと、制作段階でのミスや、成果物の完成度の低さが見受けられ、進行に支障をきたすことになってしまっています。ですから、今回は、金額を○○円でお願いしたいと思いますが、いかがですか？」

POINT
- 相手から「ケチをつけられた」と思われないよう、金額を下げたいと判断した理由をしっかりと伝える
- 今後は取引しないと判断したなら、金額の交渉自体しないという手もある

提示された金額が安すぎて、お断りするとき

○「申し訳ありません、ご提示いただいた金額ですとお引き受けいたしかねます。せめて〜円でご検討いただけるとありがたいのですが、いかがでしょうか」

○「ほかのお客様にも〜円でご検討いただいております。恐れ入りますがご理解いただけますでしょうか」

値引き交渉をされたものの、できないとき

○「申し訳ありません、これがご提示できる精一杯の価格ですので、これ以上の値引きはできないことをご理解いただけないでしょうか。よろしくお願いいたします」

お店から予算より高い金額の商品を提案されて、価格交渉をしたいとき

○「とてもいい商品で気に入ったけど、予算があるんです。～円くらいならありがたいのですが、ご検討いただけませんか？」

値下げはできないと言われたとき

○「値下げは難しいんですね。残念です。では予算内でおさまるものをご紹介いただけないでしょうか」

第1章
伝える

決めつける言い方をする人は嫌われる

　決めつける表現をする人は、周囲から「偏屈な人」というレッテルを貼られてしまいます。
「B型の人はわがまま（マイペース）が多いから」
「九州男児は男尊女卑だから…」
「最近の若者は甘やかされて育てられている」

　こんなふうに決めつけたことばかり言う人は、自分の考えに固執する面倒な人、頑固な人と思われてしまいがちです。相手も身構えてしまい、親近感を抱かれないのではないでしょうか。
　決めつけない考え方ができる人は、偏見に惑わされない分、さまざまな考えが浮かんで視野が広がりやすくなります。客観的に物事を見ることもできるようになります。
「こういう人は〜に違いない」と決めつけないので、相手に対しての先入観や偏見なく付き合うことができ、人付き合いの幅は広がります。
　決めつけない表現を身につけて、幅広い人間関係を築きたいですね。

「どうせ」は自己防衛から生まれるズルイ言葉

よく、「でも」「だって」「どうせ」は人の成長を阻む言葉だと言われます。
「でも」は、都合の悪いことを言われたときに、それを受け入れたくない人がよく使います。「だって」は、言い訳をすることで自分を守ろうとする言葉です。
「どうせ」は、何かチャレンジをうながされたり、新しいことに取り組まなければいけないとき、事前にできない自分をアピールすることで自分を守ろうとして使われることが多いですね。要するに、自信がないのです。

- ✕「どうせ私の話なんて あの上司は聞いてくれない」
- ✕「どうせ私がどんなに頑張っても、認めてくれない」
- ✕「どうせ私が何の提案をしたって、まだ甘いって否定されるに決まってるし」

「どうせ…」という言葉は自己防衛の言葉です。
聞いてくれなかったら、認めてくれなかったら、否定されたら、「ほら、だから言ったとおりでしょ」ですませることができる都合のよい言葉なのです。

第1章
伝える

　自分がいけないのではなく、相手がそういう人（人たち）だから…ですませることができ、自分が傷つくことも防ぐこともできてしまうズルイ言葉でもあります。

「どうせ」と言っていると、一見ラクですが、チャンスを棒に振ることになるので、いつまでたっても成長できません。
「どうせ」という気持ちが湧いてきたら「どうしたらできる？」「どうしたらいい？」と言い換えてみましょう。
　「でも」「だって」「どうせ」を使わなくなるだけで、まわりからのあなたへの印象はぐっといいものになるはずです。

自己防衛の言葉	成長をうながす言葉
・でも ・だって ・どうせ	・どうしたらできる？ ・どうしたらいい？

自分の意見や思いは
「これは私の主観です」と伝えよう

　人に何かを伝えるときに心がけてほしいのは、それがあなたの「意見」なのか、それとも「事実」なのか、分けて話すということです。
「これは私の主観ですが」と言うのと、「〇〇という結果が出ているのです」と伝えるのとでは、まったく伝わり方が変わってきます。

> ✗「今日のお客様とのやりとりは、とてもうまくいきました。お客様が、私の提案をとても気に入ってくださったので、間違いなく採用されるはずです」

POINT
- 聞いた相手が判断を誤ることがある
- 間違った情報が行き渡ってしまい、多くの人を戸惑わせてしまうことも…

> ○「お客様が、とても今回の提案はニーズに合っていると言ってくださいました（事実）。これは私が感じたことですが、商談はとてもいい感触でしたので、採用していただけるのではと思います（主観）」

主観と事実を分けられる人は、「客観的にものごとをとら

えることができる人だ」と信頼を得られます。

　個人の考えや感想、感じたことを問われたときには主観で、ビジネス上の報告・連絡・相談は、事実を伝えるようにしましょう。

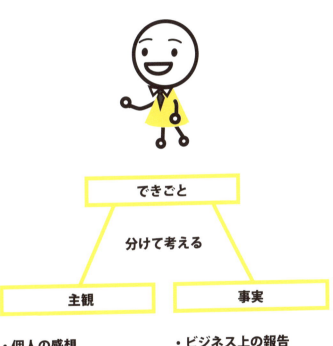

指摘しづらいハプニングは 「…」で濁す

　上司のカツラがずれていたり、鼻毛が出ていたり…という困ったハプニングに見舞われたとき、あなたならどうしますか？　おすすめなのは「…」で濁すことです。

　あまりにストレートに伝えてしまうと、相手を傷つけてしまう恐れがありますよね。小さい声で語尾を濁すことにより、相手のみに気づいてもらうことができます。

上司のカツラがずれているのを見てしまったとき

❌「ヅラがずれていますよ！」

POINT
- 毛髪のことは相手の尊厳に関わることも
- カツラ、ヅラ とストレートに言わない

⭕「あの… 御髪が乱れています…」

POINT
- 小声でそっと言う

第1章
伝える

> 上司の鼻毛が出ているとき、
> 社会の窓が全開になっているとき

○「とても言いづらいことではありますが、お伝えしたほうがいいかと思って…」

POINT
- ほかの人には聞こえないように、小さな声で
- 恥をかかせないように伝える

○ 冗談が通じるなら…「鼻毛がバカボンのパパ状態になっています…」

> 真剣に話をしてくれている上司の眉毛に、
> ずっと蚊がとまっているとき

○「あ、あの、眉毛に蚊が…」「言おうか迷ったのですが、刺されては大変と思いまして…」

POINT
- いきなり笑うのはNG

語尾を濁すことで、まわりにも気づかれにくく、言う側にとっても言われた側にとっても恥ずかしい思いを軽減できますね。

相手の心を和らげるひと言が
人間力の差をつける

　相手が「悪いな…」と気にしているようなとき、相手の心を和らげるひと言を使いたいものですね。
　たとえば、自分の不注意で待ち合わせに遅れてしまい、待たせてしまって申し訳ないと思っている友人からLINEメッセージや電話連絡があったとき、
「大丈夫だよ。焦らずに気をつけてきてね」
　と言えたり、先にお店に着いているシーンだとしたら、
「大丈夫よ。涼んで飲み物を飲んでいるからね」
　と伝えられたら相手は安心するでしょう。

　また、仕事で急遽頼みごとをしてしまい、気にしている同僚に対して、
「お役に立ててよかったわ。お互いさまなんだから気にしないでね」
　このような言葉が言える人は、優しい人、あたたかい人、相手に配慮ができる人だと思われ、「付き合う（一緒に仕事する）相手がこの人でよかった」と感じてもらえます。逆に自分が迷惑をかけてしまったときも、相手が配慮してくれる可能性が大きいでしょう。人間力の差がつくひと言ですね。

訪問してくれた相手にかけるひと言

○「ご足労をおかけしました」
○「こちらまでお越しくださり、ありがとうございました！」

自分が残業しているため、帰るのを躊躇している人がいるとき

○「○○さん、私のことは気にしないでいいよ。帰れるタイミングで帰っていいんだよ」

相手を責めるのではなく
事実を伝える

　仕事で相手がミスをしたとき、つい「なんでこんなことをしたの⁉」と言いたくなってしまうこともあるでしょう。でも相手を責めるのは逆効果。傷つきやすい人なら落ち込んでビクビクしてしまったり、気が強い人なら、言い返してきたり、拗ねてしまったりもします。

　何か問題が起こった場合には、「今回の発注ミスで、A社への納品が遅れて、担当者さんたちが夜までかかりきりで対応することになってしまったんだ」と、事実を伝えるようにしましょう。

　事実だけに注目して伝えれば、言われる側も、「責められた」とは受け取らず、どんな大変なことが起こったのかがわかり、次からは気をつけようという気持ちも湧きやすくなります。責める言葉は横に置いて、ぜひ「事実」を説明するようにしましょう。

第1章
伝える

遅刻した相手に注意する

❌「どうして○○さんは いつも遅刻を繰り返すの？ ほんとだらしない人だね」

⭕「今月、遅刻した日が3回あったね。だから今日は改めて注意しなければと思ったんだ」

POINT
- 「いつも」「かならず」「絶対」は100%の事実でない場合は言わない
- 「だらしない人」といった人格を否定するような言葉は言わない

注意に対して相手が言い訳を言ってくるとき

❌「なんでそこで言い訳するのかな！ だから君はダメなんだよ！」

⭕「そこで言い訳が付け加わると『わかりました』と言った意味がなくなってしまうよ」

POINT
- 言い訳する＝（イコール）その人がダメと決めつけない
- 言い訳するという行為がどう思われるのかのみ伝える

誤解されて関係が悪化しそうなことを訂正したいとき

◯「違う解釈をされているかもしれないと気になったので、きちんとお話しさせていただけますでしょうか」

◯「○○と受け取っていらっしゃるかもしれませんが、本当は□□であるとお伝えしたかったのです」

POINT
- 相手を責めない
- 本来はこういう意味でしたと伝える

名前を間違えられたとき

◯「私、○○と言います、よく間違えられるんですよ」

POINT
- 正しい名前を伝える
- よく間違えられることも伝えて安心してもらう

相手を責めるのではなく、事実を伝えるようにしましょう。

第2章

聴く

ゴールは、
信頼関係を築くこと

話の乗っ取りは
相手を不愉快にさせる

　話を聴いているときにやってはいけないのは、話を乗っ取って、自分の話を始めることです。相手がまだ話を終えていないところで「じつは私もそれでね！　こんなことがあって！」と話し始めると、相手は消化不良な気持ちになってしまいます。

　仕事では、上司が部下の話をとってしまったり、誰かがプレゼンしているときに、横から別の人が口を挟んで話し始めた結果、何の話をしていたかわからなくなってしまうということがありませんか？

　これは、プライベートでも、マンツーマンの場合でも、グループで話している場合でも見受けられます。

　話の乗っ取りを常習化していると、本人は気持ちよくても、その場に居合わせた人が大迷惑します。「あの人は自分本位だ」「場に呼びたくない」という印象を与え、人が離れていってしまう大きな要因に…。

　人は自分の話を聴いてくれる相手を好きになるものです。もっと信頼されたいと思ったら、いつの間にか話の乗っ取りをしていないか、振り返ってみましょう。

第2章
聴く

　つい話を遮りがちな場合には、次のことを心がけてください。

- 相手が話し終えるまで待って、あいづちを打つ。「そうなんだね」「そうなんですか。それは○○でしたね」
- 話の乗っ取りを防ぐ投げかけ「今、話していいかな？」
- 話を乗っ取られそうになったら「あのね、もうちょっと聴いてもらってもいいかな？」「まだ○○さんの話が終わっていないみたい」
- 話し始める前に「まずは私の話をいったん最後まで聴いてもらいたいのですが…」

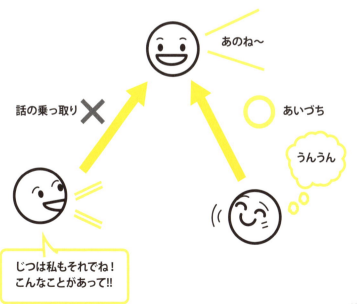

人の話が整理できない人は、
自分の話の整理もできない

　じつは、聴く力に長けている人は、整理力やプレゼン力にも長けています。

　逆に言えば、人の話を整理できない人は、自分の話を整理することもできません。相手に対してとてもわかりにくい話をしてしまいがちです。

　相手が何を言いたいか整理しながら聴き、要約して「おっしゃりたいことは〜ということですよね」とアウトプットすることは、自分の伝えたいことを整理して話すときと同じプロセス（過程）をたどります。これができないと職場での報告も正確にできないでしょう。

　論理的に話す力を磨きたいなら、まずは聴きながら相手の話を整理する、そしてそれを要約できるようにするクセをつけましょう。

　とくに女性の場合は、何度も同じ話を繰り返したり、話題がまったく違うところへ飛んでしまったりして、自分が何を言いたいのかわからなくなってしまう傾向があります。

　要点をつかんで整理できるようにしましょう。

第 2 章
聴く

整理の仕方 3 つのコツ

❶ 相手の話の大事なキーワード、ポイントを復唱確認しながら聴く

❷ 一番言いたいことは何かをつかむ

❸ 項目分けをする

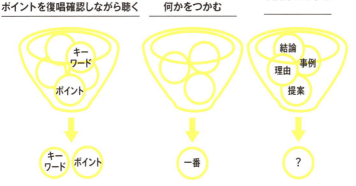

整理するときに把握しておくべきこと

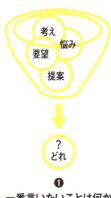

❶ 一番言いたいことは何か（結論）をとらえる

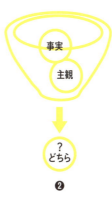

❷ 事実と主観を区別する

相手があわてているときこそ、ゆったりと構えて聴く

会話は、聴き手が主導権を握るものです。話し手ではありません。

たとえば、相手が仕事でトラブルに巻き込まれたとき、ミスをしてしまったとき、プライベートで困ったことに遭遇したとき、約束の時間に遅れたときなど…。

相手が焦っているときこそ、聴き手は落ち着いてゆったり構えて、どっしりとした態度で話を聴きましょう。聴き手がどっしりしていることで、話し手も次第に落ち着いてきます。

ゆったりと構えるときのポイント

- 相手があわてている間、まず息をゆっくり3秒かけて吸って、吐く
- 相手を座らせる
- 場を変える（うるさくない落ち着いた場所など）
- お茶をいれる
- あまりにあわてている場合は、同性同士なら、相手の背中に手を当てる

- あいづちもゆっくり
- うなずきもゆっくり
- 相手の話の区切りまでこちらの意見や質問を言わない
- 質問をするときもゆっくり、威圧的にならないようにする
- 腕組みや厳しい表情はしない
- 睨みつけない（とくに相手が失敗したときなど）

相手が話すことを戸惑っていたり、話し始めることができない状態のとき

○「うまく整理しなくても、思ったことから話してみてもいいよ」
○「話すのは、ゆっくり落ち着いてからでいいよ」

人を育成する立場にある人には、とくに意識してほしいことです。

返す言葉に困ったら
うなずきで場つなぎ

　悪口や噂話、プライベートに踏み込みすぎた話、愚痴、度が過ぎる自虐話、自慢、深刻な家庭内の問題など…返す言葉に困るシーンは、たくさんあるのではないでしょうか。

　ただ、相手と話していて、こちらが答えにくいような話をしてきたり、とっさに返す言葉に困ってしまったときには、何も言わないわけにはいきませんよね。

　そんなときにおすすめなのは、うなずきで場をつなぐことです。

返答に困るとき

「○○さんと別れて本当によかった！　あんな最低な人と付き合っていたら、こっちの運まで下がる！　だって…」
「この前、会社辞めたんだ！　最低な会社で、社長をはじめ、上司がバカばっかりで…」

> POINT
> ● (相手がそうしてよかった！ という内容であれば)
>   ゆっくりと笑顔でうなずきながら「そうなんですね」と答える

真剣に聴く姿勢を見せるとき

「夫が会社をリストラされて、うちもまだ子どもが学生だしいろいろと大変で。これからどう生活していったらいいかが悩ましくて…」

> POINT
> ● 深刻に切り出してきたときには、真面目な表情で「そうなんだ…」とゆっくりとうなずく

 とっさに言葉が思い浮かばなかったり、むやみに言葉を発しないほうがいいかと思うときなどにうなずきをすると、気まずくなることを防げるほか、相手にも、「ちゃんと話を聴いてくれているんだ」という印象は残ります。

 話を聴くときには、言葉だけに頼らず、態度やリアクションも意識しましょう。

中断された話を元に戻す配慮をしよう

　会議や打ち合わせ中に、だんだん本題からずれた話題になって、何の話をしていたのかわからなくなってしまうことがありませんか？　話をそらしがちな人がいる場合には、とくに注意が必要です。誰かが元に戻さなくてはいけません。

　ずれてしまった話を戻すには、
「ところで、さっきの続きだけど」
「さて本題に戻りますと…」
　という投げかけが効果的です。それでも自由に話してしまう人がいるときには、「今、話がそれていますので、本題（○○の話）に戻しませんか？」
「いろいろと話したいこともあるとは思うけど、時間も限られているから話し合うべきことに戻さない？」
「まずは〜について先に話し合って決めませんか？」
　とダイレクトに伝えてもいいでしょう。
　話が暴走してしまう人と打ち合わせをともにするときには、打ち合わせを始める際に話し合う項目と流れ、終わる時間を確認すること、アジェンダを作成することを心がけておくのもおすすめです。

「今回の打ち合わせの進行につきましては、私にお任せいただけるとありがたいのですが、いかがでしょうか？」

と確認するのもいいでしょう。

部下や後輩がいる立場の人には、場をうまく仕切るファシリテーション力が求められるようになってきます。あっちこっちにいってしまった話を元に戻せる人は、一目置かれますよ。

〈ずれてしまった話を戻すとき〉

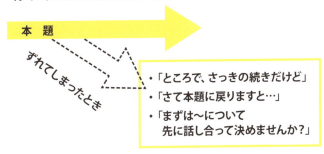

〈事前の対策として〉

言葉を発する前の「間」で
重みを持たせる

　相手が深刻な問題を話してきたとき、軽々しく聴けないような重大な話を耳にするとき、言葉を発する前に間を持たせましょう。時間でいえば5秒程度です。
　そして、言葉を切り出す前にうなずきながら、
「（間）そんなことがあったのですか」
「（間）それは、深刻な問題ですね」
「（間）それは、大変でしたね」
と伝えましょう。
　また、正直に、
「なんと言葉をかけていいか、わからなくて言葉に詰まってしまいました…」
と伝えるのもいいでしょう。

　深い話をするときには、話し手の心も過敏になっています。間を持たせることで、心情を汲み取ることができ、話し手も安心します。
　リアクションは、話の内容に合わせることを意識しましょう。明るい話のときには、明るいリアクション。
　悲しい話のときには、悲しいリアクション。

第2章
聴く

　深刻な話のときには、真面目なリアクション。
　とくに、真剣な話のときには心がけたいことです。
　当たり前のことのように思うかもしれませんが、これができるだけで、「人の気持ちがわかる人」「空気が読める人」と評価されます。

　ときどき、深刻な話のときに笑ってリアクションをとってしまう人や、相手の話に集中していない人を見かけることがあります。これでは一気に信用を失います。
　聴く側の姿勢は、想像以上に見られているということを忘れずにいたいですね。

（深刻な話）

5秒程度の『間』

……そんなことがあったのですか
……それは、大変でしたね

「理解した」とわかるように
反応を言葉にする

　相手と意見がぶつかったり、相手の要求に同意できないことは、よくあること。交渉などの場面は相手とそもそも意見が食い違うものです。
　そんなとき、自分の言い分を強く主張したくなって、相手の話を聴けなくなることはありませんか？　耳には相手の言葉を入れているけれど、相手の言いたいことを「理解した」というメッセージを発するのを忘れてしまうことはないでしょうか？

「〇〇さんの話は理解しました」という言葉だけですませるのではなく、ときには相手が一番わかってほしかったことをつかみ、それに対してちゃんと理解していると伝えることが大事です。

> 提案をしたら「急にそんなことを言われても、
> 困るし反対！　相談してほしかった！」
> と相手に言われたとき

第2章
聴く

❌「そうは言っても急に決まったことですから…」（相手が仕事関係なら）
❌「だってしょうがないじゃない。急に決まったんだから！」（相手が身内なら）
△「賛成できない、ということだね（ことですね）」
⭕「そうか。事前に相談してほしかったから賛成できないっていう気持ちなんだね」

POINT
- 結論だけでなく、相手が一番わかってほしかったことをつかむ
- その結論に至った経緯や想い、心情に理解を示す
- 「わかってくれた」と相手も安心。信頼につながる

⭕「○○さんが、ここまでの結論を出すのに〜の苦労があったこと、よくわかりました」

理解を示したということを言葉として伝えることができずに、交渉がこじれてしまうケースもあります。これはとてももったいないことです。
どのように主張するかも大切ですが、どのように聴けるのかということも、交渉の行方に影響する大切なポイントです。

同意できない話に
否定的な反応はしないこと

「あの人の言っていることって、思い込みだらけだよね」
「K部長ってさー、この間まで毛がなかったくせに、ちょっと生えてきていない？　絶対カツラだよ」
　…など、「え？　それは違うんじゃないの？」と思うような話をされたとき、あなたはどんなリアクションをしていますか？
「私はそうは思いません」と否定すると、険悪な空気になることもあるので要注意です。

第2章 聴く

◎ 同意できない話を言われたとき

◎ 受けとめてこちらの言い分も伝える

- 「私は〜と考えていますが、いかがですか?」
- 「申し訳ありません、その提案は受けることができかねます。なぜなら…」

○ いったん受けとめる

- 「○○さんはそう思うんですね」
- 「そんな考え方もあるんですね」
- 「〜してほしい、ということですね」

✕ ドッジボール的反応をする

- 「おっしゃることはわかりますが…」
- 「そうは言っても…」
- 「しかし…」

<mark>いったん受けとめてから伝えると、相手にもあなたの意見を受けとめてもらえやすくなります。</mark>

正しいか間違っているかにこだわって不用意に自分の反対意見を伝えるより、やんわりと返す選択をしたほうが、その後の関係をスムーズにしてくれることもあります。

相手の怒りの裏側にある
感情を察して共感する

　人が腹を立てるとき、怒りの裏側には、悲しみ、悔しさ、不安、困惑、寂しさなど、いろいろな負の感情が潜んでいることがあります。
　たとえば、旦那さんが連絡なく深夜に帰宅することに猛烈に腹を立てている奥さんがいるとします。奥さん自身は、
「連絡なく遅く帰ってくるなんて、迷惑にもほどがある！」
とぷりぷりしていますが、本当は、怒りの裏側に、
「事故にでも遭っていないか心配で仕方がない」
という一次感情が眠っているのです。

　カウンセリングなどでは、この怒りの裏側にある感情を察して共感することが重要とされています。これはカウンセリングのシーンだけでなく、普段の会話でも同じです。
　裏側の感情に、本人も気づいていないこともありますし、気づいているけれど、強がって怒っていることもあります。
　相手が「○○なことをするなんて、本当に考えられない！」と言ったら、「どんな気持ちになったの？」と尋ねてみましょう。相手が「だって心配にもなるし…」と言ってきたら、「うん、それは心配だよね」とあいづちを打ちましょう。

第2章 聴く

◎感情に寄り添ったあいづち例

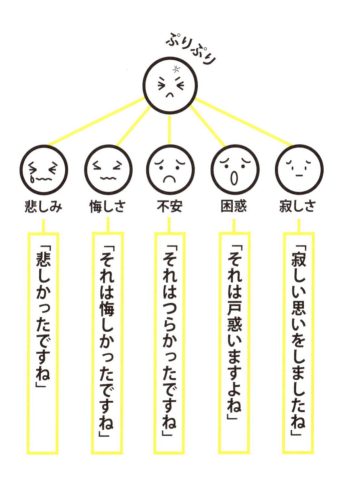

あいづちも挟めないときは表情で反応を返す

- 1対1で話しているけど、相手がマシンガントークのように一方的に大変な勢いで話し続け、あいづちを挟む余裕がないとき
- 講演会やプレゼンテーションを聴くとき、多数いる聴衆の1人であるとき
- 複数人数で会話を楽しんでいる場で、自分の意見がとくにあるわけではないとき

このようなシーンでは、自分の意見はおろか、あいづちも挟めませんね。…そうかと言って、困った顔や真顔で聴いていては、相手も「ちゃんと聴いてくれているのかな」と不安になってしまう可能性もあります。

相手がユーモアたっぷりの冗談を言ったりしたら大笑いしてもいいでしょうし、困った話、深刻な話であれば、眉間にシワが寄るような真剣な表情をしたり、驚くような話題のときは目を見開き、びっくりしたような表情で、「え～っ!?」という声をあげてもいいでしょう。

相手が何かうれしいこと、おめでたいことを話したときは

第2章
聴く

笑顔で返す。拍手してもよし、あまり大げさにしなくてもよし。あくまでも自然に返すことができればOKです。

　私も研修や講演に登壇しているとき、表情豊かな聴き手にはつい目が向きますし、その人のことが印象（記憶）に残ります。反対に無表情で、どのような話題にも表情が変わらない人を見ていると話しにくくなるものです。
　言葉を発しなくても、表情は相手の心に影響を与えます。意識したいですね。

言葉にしていない
相手の気持ちを代弁する

　たとえば長期間に及ぶプロジェクトを成功させたとき、忙しい中、勉強に取り組んで試験に合格したとき、相手がその報告をしている最中に、思わず感極まって言葉に詰まったり、自分がどれだけ頑張ってきたかをあえて言わない人も、なかにはいるのではないでしょうか。

　そんなときは、
- 〇「とても大変なときもあったよね。実現できてうれしいよね」
- 〇「諦めることなく努力し続けたものね。夢を実現できて、本当によかったね」

と声をかけて、相手の気持ちを代弁してあげましょう。

　私が悩んだ末に離婚を決断し、友人に報告したとき、「離婚することになったんだ…」ということだけを伝えたところ、今までの経緯を知っている友人が、
「そうなんだ。そう決断したのね。いろいろ考えてのことだものね。これまでの間、よく頑張ったね」
　と言葉をかけてくれました。自分のそのときの思いを代弁

してくれたようで、今でも心に残っています。

　また、ある女性の話です。離婚することになった…と成人した息子に報告したときに、「そうか。本当は寂しいんでしょ。無理しなくてもいいよ」と息子に言われて、思わず大泣き。とてもスッキリしたとのことでした。息子さんには弱音を吐いてはいけないと強がっていた分、余計に気持ちがラクになったようです。

　人は、いつも自分の思いを言葉にしているわけではありません。とくにその人の人生の大きな転機のときには、裏側にある気持ちに思いを馳せて、言葉にして代弁してあげてください。相手の心の深いところに届くはずです。

打ち切りたい話は「〜ということで」のあとにお礼で締める

　打ち合わせや雑談などで、いつまでも話が終わらないことはありませんか？

　こんなとき、どう言って話を区切ればいいか、タイミングをはかるのが難しいですね。おすすめなのは、
「○○ということで、本日はありがとうございました」
と言葉を投げかけることです。こう言えば、失礼もなく、話を区切ることができます。

それでもまた話し始めてしまう人がいる場合

- 〇「いろいろと話が尽きないですよね。あっ、申し訳ないのですがそろそろ時間ですので、このあたりで」
- 〇「次の約束がある方もいるので、時間を区切りましょう」

異業種交流会などで、名刺交換後に長々と自分のことを話し始める人の場合

第2章
聴く

○「お話しできてよかったです。ありがとうございました！」

POINT　●名刺をしまう動作をつけて切り上げるのも効果的

　困ったときのワンフレーズを知っておくことで、まわりも助かり、あなたも一目置かれますよ。

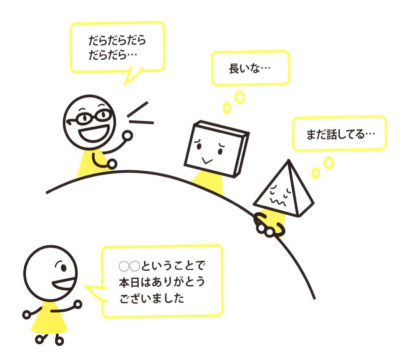

話しかけられたときの表情に
その人の素が出る

　話しかけられたとき、ブスッとしていたり、とぼけた表情をしていたりしませんか？
　じつは、話しかけられたときの何気ない表情には、その人の素がしっかりと現れるのです。
「○○さん」と呼びかけられたときに仏頂面だったら、相手はギョッとします。

　そして、他人の素の表情やリアクションを、相手は思った以上に覚えているもの。いくらいつも明るく振る舞っていても、素のリアクションがとても怖いものだったら、見た人のあなたへの印象は「じつは怖い人」「冷たい人」になってしまうのです。

　ある管理職の人から聞いた話です。
　部下に仕事を頼むとき、「○○さん」と名前を呼びかけると、いつでも手をとめて「はい！」と笑顔で返事をしてくれる人には仕事が頼みやすい。しかし面倒くさそうな顔をしたり、「は？」と嫌そうな表情をされると、「この人に大事な仕事を頼んでいいのだろうか…」という気持ちになるそうです。

第2章
聴く

その人いわく「仕事はまさに指示をしたとき、声をかけたときからスタート」ということでした。接客業の人も、お客様から「すみません!」と声をかけられたとき、笑顔で「はい」と反応することから接客のスタートです。

仏頂面を防ぐには、真顔のときに自分がどんな顔をしているかをチェックしてみましょう。人から呼びかけられたときには、口角を上げることも心がけてみてください。とくに、取引先や部下や後輩が多い立場の人は気をつけましょう。

感じがよかったりすると、グッと近寄りやすい人になります。

事実と主観を切り分けて聴く

　人から仕事の報告や相談を受けるとき、感情的になっている人の話を聴くとき、とくに心がけてほしいことがあります。
　それは、「これは事実？　それとも主観？」と心の中で問いかけることです。
　54ページでも解説しましたが、事実と主観を混ぜて話してしまう人は、意外と多いものです。とくに、感情的になっているときには、話しているうちに自分でも何を言っているのかわからなくなってきてしまいます。

「あの上司、私にばかり雑用を頼むんですよ。それに、後輩がミスをしても注意しないくせに、私にはいつも厳しいんです。私のことが嫌いだから、いつも不公平な扱いをするんです」
「お客様がかなり怒って文句を言ってきています。あのお客様はいつも理不尽なことばかり言ってきます」
　主観が混ざっているのがわかりますよね。とくに、「いつも」「絶対に」「かならず」というキーワード。そして「私ばかりが…」「みんなが言っている」という言葉も要注意です。
　事実と主観を切り分けるには、まず話を聴きながら、「これ

は事実？ それとも主観？」と整理しましょう。

紙に箇条書きでメモをするのもおすすめです。

事実なのか主観なのかわからないとき

○「それは実際に起こったこと？ あなたが感じたこと？」
○「実際に相手がそう言ったの？」
○「いつもって毎回？ そうじゃないこともある？」

ただし、質問するときには、尋問のように詰めないこと。確認するような口調で、穏やかな表情で聴くこと。それだけでも、ずいぶん話が整理できます。

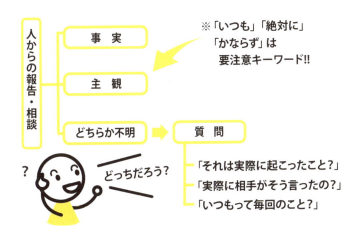

女性からの不満の声には
アドバイスは不要

　女性が「話を聴いてほしいの」と言ってくるとき、ほとんどの場合、アドバイスは求めていません。ただただ「そうなんだね」「それは大変だったね」と、気持ちに寄り添ってほしいだけなのです。たとえば、相手が話している1時間、ずっとあいづちを打っているだけでも、
「あ〜！　スッキリした！　話を聴いてくれてありがとう」
とお礼を言われることもよくあります。

　男性と女性のコミュニケーションの行き違いでよく見られるのですが、男性は「話を聴いて」と言われると、親切心からついアドバイスしたくなります。でも、これが行き違いの元凶に…。女性が求めるのは、アドバイスより共感。ただ聴いてもらえたら、それだけで満足なのです。

- ❌「それってどういう状況なの？　もっと具体的に聴かせて？」と、解決のためにこと細かに質問する
- ❌「じゃあ、こうすればいいよ」とアドバイスをしようとする
- ❌「まぁまぁ、そんなに怒らないで」とおさめる

第2章
聴く

❌「僕の場合は…」と自分の過去の武勇伝を話し始める
❌「俺だって大変なんだよ！」と逆切れをする

POINT　●「だからあなたは何もわかっていない！」と言われてしまう

⭕「そうか、大変だよね」「それは困るよね」と共感しながら耳を傾ける

　女性の愚痴や悩み相談には、ただただ共感して聴くことを心がけましょう。

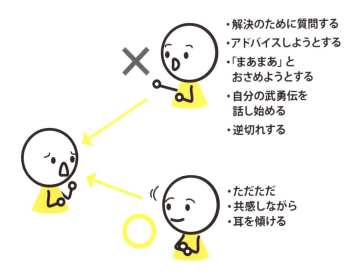

アイコンタクトを
ないがしろにしない

　企業研修で、「話ししづらいと感じる聴き手の態度は？」というテーマでディスカッションをすると、どこでもトップで出てくるのが「目を合わせてくれない」「何かをしながら」という内容です。
「つい忙しくてうっかり…、身内だからつい…と思って何気なくしてしまうけれど、自分がされたらイヤだ」と振り返る人も多くいます。
　ちゃんと目を見て聴く。これだけで、相手との関係はグッと近づきます。話を聴くときには、言葉よりまず態度。
　態度に気をつけるだけで、相手からの信頼度は格段に高くなりますよ。

- 相手に身体を向けて、適宜アイコンタクトをとる
- 話があると声をかけられたときは、手をとめて目を合わせて「なに？」「どうした？」と、聴く気持ちがあることを表現する
- 目線は資料を見ていても、身体は相手のほうに向ける

第3章

質問する

ゴールは、
相手を理解すること

意図がわからない質問は
相手を戸惑わせる

　質問するときに、自分でも何を尋ねているのかわからない問いかけをする人がいます。原因は、人の話をきちんと聴いていない、そして本人がよく考えていないからです。
　じつは、質問には、その人の知性や考察の深さが表れます。
　どれだけ深くそのことについて考えているのか、今その人がどんなことを感じているのか。質問された人ができる人であればあるほど、質問者のレベルを見抜いてしまうのです。

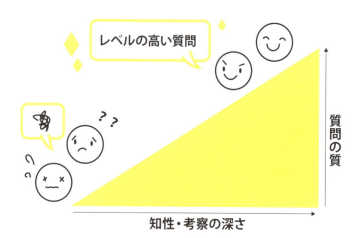

第3章
質問する

　質問をするときには、まず相手が答えやすいものであるかどうかを考えましょう。

　ポイントは、まずは何を知りたいのかが明確であることです。とっさに思いつかないときでも、相手が答えやすい質問を心がけると、一目置かれます。

相手が一番伝えたいのだと思うことを確認するとき

○「〜がとても大事だということですよね？」
○「〜のように理解しましたが、よろしいでしょうか？」

とても興味を持っている、もっと知りたいということを伝えたいとき

✗「○○さんの話を聞いている間に私の考えとは違うなって思ってしまって、私はいったいどうしたらいいんでしょうか？」

（仕事で）
○「しっかり理解したいので、お尋ねしてもいいですか？」
○「〜の成功例はありますか？」
（プライベートで）
○「もっと聴きたいな、その話。それからどうしたの？」

相手が回答に困ったら、「たとえば…」と例示する

　会話をしていて、相手がなかなか回答できないときには、答えやすい問いかけをしたほうが親切です。おすすめなのは、「たとえば…」と例示してあげること。
「御社が最近注目していらっしゃる商品はなんですか？」
　とあなたが尋ねたとき、相手が回答に困っていたら、
「たとえば、最近は新しい自転車が各方面から発売されていて人気ですが、御社では今後、どんな商品を開発する予定なのでしょうか？」
　と、具体的な例をあげるのです。
　質問が抽象的なままでは、何を聞かれているのかわからず、相手も回答しにくいものですが、例を言ってもらえると、途端に答えやすくなります。

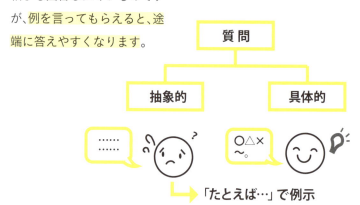

第3章
質問する

◎「たとえば…」はこんなときに有効

- 相手のHOW（どのように）WHAT（何を）WHY（なぜ）を知りたいとき
- 相手のニーズを引き出したいとき
- 相手が回答に困っているとき
- 相手の未来について質問したいとき
- 紹介するために、異性の好みを聞きたいとき

例
3年後はどうありたい？　たとえば、実現させたいプロジェクトとか、身につけたいスキルとか、何でも思ったことを話してみて

例
どんなタイプが好き？　たとえば、料理などの家事ができるとか、スポーツしている人がいいとか…。
何か譲れないことってある？

このように、具体的な例示をすると会話も弾みます。

NOと言われたときこそ
質問のチャンス

　打ち合わせや営業などで相手からNOを言われたとき、その場でしょんぼりしてしまう人も多くいます。でも、そこであきらめてしまうのでなく、ぜひ、何がどうダメだったのか、ヒアリングしましょう。

　相手の気持ちは問いかけてみなければわかりません。思い込みで、
「きっと私の提案の仕方が下手だったからだ」
「信用されていないからだ」
　と自分で結論づけたけれど、蓋を開けてみたら勘違いだったということはよくあります。

　相手からNOを言われたときには、こんなふうに質問してみましょう。

- 〇「さしつかえなければ、どこが難しかったのか教えていただけませんでしょうか？」
- 〇「今後のためにも（今後の改善のためにも）、可能であれば採用していただけない理由をお教えいただけないでしょうか？」

郵便はがき

102-8790

226

東京都千代田区麹町4-1-4
西脇ビル

㈱かんき出版
　読者カード係行

料金受取人払郵便

麹町局承認

5200

差出有効期間
2020年2月29日
まで

フリガナ		
ご氏名	性別　男・女	
	年齢　　歳	

フリガナ
ご住所　〒
TEL　（　　　）

メールアドレス
□かんき出版のメールマガジンをうけとる

ご職業
1. 会社員（管理職・営業職・技術職・事務職・その他）　2. 公務員
3. 教育・研究者　4. 医療・福祉　5. 経営者　6. サービス業　7. 自営業
8. 主婦　9. 自由業　10. 学生（小・中・高・大・その他）　11. その他

★ご記入いただいた情報は、企画の参考、商品情報の案内の目的にのみ使用するもので、他の目的で使用することはありません。
★いただいたご感想は、弊社販促物に匿名で使用させていただくことがあります。　□許可しない

ご購読ありがとうございました。今後の出版企画の参考にさせていただきますので、ぜひご意見をお聞かせください。なお、ご返信いただいた方の中から、抽選で毎月5名様に図書カード（1000円分）を差し上げます。

サイトでも受付中です！　https://kanki-pub.co.jp/pages/kansou

書籍名

①本書を何でお知りになりましたか。

- 書店で見て　●知人のすすめ　●新聞広告（日経・読売・朝日・毎日・その他　　　　　　　　　　　　　　　　　　　　　　　　　　　　　　）
- 雑誌記事・広告（掲載誌　　　　　　　　　　　　　　　　　　　　　　）
- その他（　　　　　　　　　　　　　　　　　　　　　　　　　　　　　）

②本書をお買い上げになった動機や、ご感想をお教え下さい。

③本書の著者で、他に読みたいテーマがありましたら、お教え下さい。

④最近読んでよかった本、定期購読している雑誌があれば、教えて下さい。
（　　　　　　　　　　　　　　　　　　　　　　　　　　　　　　　　）

ご協力ありがとうございました。

第3章
質問する

　相手の本当の気持ちや状況を伝えてもらえるかもしれません。
「迷っていたところ、価格が安い企業から提案があって決めてしまったんだ」
「じつは御社の〇〇さん、ミスが多くて困っていたんだ。ここだけの話、担当を変えてほしいと思っていたんですよ」
「私はOKだと思ったんだけど、上司が懇意にしている企業に決めてほしいと言われてしまって、覆せなかったんだ」
　返答はさまざまでしょうが、質問することで、改善点や次のアクションのヒント、相手の本音が明らかになります。

　ただし、回答してもらえるためには、「この人には話してもいいかな」と思ってもらえるよう、相手に好意を持ってもらうことも忘れずに！
　NOを言われても、怯まず、恐れず、がっかりせず、そのまま終わりにしないようにしましょう。

「自分の当たり前と違う!」と思ったときこそ、質問をしてみる

　相手が自分の意見とまったく異なる意見を持っているとき、あなたならどう対応しますか？　「この人とは話が合わない」と思って敬遠してしまうのは、もったいないかもしれません。その人は、あなたの視野をぐっと押し広げてくれるからです。

自分の当たり前と違うと思ったときの質問

◯「それってどういうことなんですか？」
◯「どうしてそんなふうに考えるようになったんですか？」
◯「どうしてそう思ったか（考えたのか）知りたい！」

POINT
- 問い詰めない
- 「知りたい、わかりたい」という気持ちで質問する

　たとえば、
「女性は結婚したら、仕事せずに家庭に入るべきだよ」
「就職するときは正社員にならなくたって（こだわらなくて

も)いいと思う」
「出社時間より前に出勤する意味がわからない」

　このように、相手がこだわっていることで自分の価値観と大きく違うことや、自分が大切にしている価値観を否定されたとき、相手の言っていることが世間一般と思われる考え方と違うと思ったときには、ぜひ質問してみましょう。

相手の意見を聞いたときの反応

○「ありがとう。そう考える理由がわかりました」
○「そういう見方もあるのだ！　と違う視点ができた」
○「いろいろな考え方があるんだなと思いました！」
○「私は○○さんとは違って、〜と考えているんだ。なぜかというと…」

POINT
- 相手の意見を否定しない
- 言いやすい相手のときには、自分の見解を伝えてもOK

　コミュニケーションで大切なことは、相手と自分との違いを知り、それを埋めていく過程を惜しまないことです。たとえば、「正社員という条件にこだわらなくてもいいと思う」という意見の人がいるとき。よくヒアリングしてみたら、仕事を適当にするということではなく、これからの時代のことを

考えると、就労形態にこだわるよりも、実力を身につける場に身を置いて、フリーランスでも生きていけるようにしたほうがいい、という考えを持っていたということもあります。

話すまでわからなかった相手の価値観を知ったとき、こちらの理解も深くなり、相手との距離はぐっと近づくものです。
はじめから「この人と自分は違う」と思って敬遠するよりも、「違う」と思ったときこそ、質問してみるといいですよ。

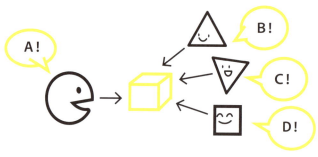

「自分の当たり前と違う！」

視野を広げるチャンス！
ぜひ質問を！

第3章
質問する

自分の話が続いたと思ったら、「○○さんは?」と質問して相手にバトンタッチ

　話をしていて、いつの間にか自分が話しすぎてしまったと感じることはありませんか？　そんなときには話を区切って、
「○○さんはどうなの？」
と、相手にバトンタッチしましょう。
　悩みごとを話していたのであれば、
「○○さんは私みたいな悩みごとってない？」
と話を振ったり、休暇中の出来事を話していたのであれば、
「どんなふうに休みの日は過ごしているの？」
と尋ねてみてもよいでしょう。

◯「ごめん、私ばかりが話しちゃったね、○○さんはどう思う？」
◯「いろいろと聴いてくれてありがとう。○○さん、聴き上手だから、つい話しすぎてしまって」

POINT　●素直に伝えるのも◎

　できれば、あなたと相手が話す分量が50：50ぐらいになると望ましいですね。

「〜はしないですよね?」
疑いの質問は、相手を不快にさせる

- ❌「まさか、納期が遅れるなんて言い出さないでしょうね?」
- ❌「あとから金額をつり上げたりしないですよね?」
- ❌「ちゃんとやってくれるんでしょうね?」
- ❌「あとで、やっぱりやめた! なんて言わないよね?」

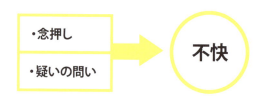

疑いの問いは、相手を不快にさせます。

今までにも前例があって、また繰り返す恐れのある相手の場合、念を押したくて、ついそんな言い方をしてしまうこともあるかもしれません。

でも、信用されていないと思ったら、誰でも嫌な気持ちになるものです。念押ししたいときには、「〇〇しないですよね?」といった言い方ではなく、「〜のようにお願いします」と言いましょう。

第3章
質問する

 「〜のように
お願いします」

相手に不快感を与えずに念押ししたいとき

- ○「納期は守っていただきたいので、期日前に仕上げていただくようお願いいたします」
- ○「金額については、これが最終決定ということでお願いいたします」

POINT
- 「これはとても大切なこと」というメッセージが伝わる言い方にする

相手が深刻な相談をしてきたら、まずは受けとめてから聴き出す

　相手が深刻な相談をしてきたとき、あなたはどう対処していますか？　こちらが焦ってしまうような話でも、まずはゆっくり静かに深呼吸。
　〇「何があったの？」
　〇「どうした？　私でよかったら聴くよ」
　と、投げかけてみてはいかがでしょうか。

「会社を辞めたいと思っているんだ」
「私よりも20歳以上年下の人と不倫して、離婚してやる！」
　こんなふうに話しかけられたら、こう受けとめます。
　〇「そうなんだ」
　〇「どうした？　何かあったの？」
　〇「それは大変だったね」
　〇「そんなことが！　それはショックだよね…」

　あなたに時間があるのであれば、相手が落ち着くまで聴いてあげられるといいですね。

第3章
質問する

「今の仕事は自分に向いていないかも」と知人から相談されたとき

○「向いていないかも…って思ってしまったんだね。どうしてそう思ったのか、よかったら聞かせて」
△「そんなことないよ！」と励ます
✕「誰だって最初から向いている仕事になんかつけないよ！」

POINT
- 説教しない
- 落ち込んでいるときに説教されると余計に相手が傷つく

話を聴くだけではなく、アドバイスをしたほうがいいとしても、最終的にはその人の人生です。結論は自分で出すように言葉がけをしてみましょう。

深刻…

深刻な相談には
まずはゆっくり静かに深呼吸

・「何があったの？」
・「どうした？ 私でよかったら聴くよ」

口数が少ない人へは
二者択一の質問をする

あなたのまわりにも、口数が少なく、自分から話さないタイプの人がいるのではないでしょうか。とくに初対面では、話を振りづらいこともあるでしょう。

そんなときにおすすめなのは、相手が答えやすいように、まずは「YES」「NO」で答えられる質問をすることです。

相手が答えやすい質問をしたいとき

○「今の時期、お仕事は忙しいですか？」
○「そのネクタイ（ネイル）素敵ですね。赤（ピンク）がお好きなのですか？」
○「このあたりにはよくいらっしゃいますか？」

POINT ●会話の糸口をつかむきっかけになる

「YES」「NO」で答えられる質問で会話ができると、相手も話しやすくなってきますから、話題を広げていきましょう。

第3章
質問する

話題を広げたいとき

🟡「どのようなお仕事をなさっているのですか？」
🟡「いつ頃から始めたのですか？」
🟡「このあたりでおすすめのお店はどこかありますか？」

POINT　●5W1Hの質問が◎

最終確認をする場合や相手に決断を迫るとき

🟡「〜ということでよろしいでしょうか？」
🟡「この手順で進めますがよろしいですか？」

相手の言っていることが曖昧なとき

🟡「近日中に仕上げてほしいとのことですが、今週の金曜日の17時まででよろしいでしょうか」

POINT　●詳細までこちらから提示して確認すると◎

核心をつく質問で、
ごまかせない相手だと思わせる

　相手がのらりくらり話をかわしてきたり、まったく自分の心の内を話してこないとき、有効な問いかけがあります。それは、「じつは○○と思っていない？」とズバリ突くことです。

　たとえば、少し難しい業務を部下に任せようとしたとき。やる気のない態度を見せてきたら、

○「じつはめんどくさいと思っていない？」

と突っ込んでみましょう。そのうえで、

○「どう思っているか、どうしたいかを話してくれないかな。一緒に仕事をするうえではそういうことを伝え合うのも大事なことだから」

と話を展開させてみてはいかがでしょうか。

　また、重要な話し合いなのに、心ここにあらずでソワソワしている人には、「早く終わらせたいと思ってる？」と突っ込んでみるのも手です。

　このフレーズには、「この人には見透かされる」「この人のことはごまかせない」と思わせる効果があります。とくに、次のような状態の人には効果的です。

第3章
質問する

- 思っていることを言わないような人
- 本音を言わないような人
- ネガティブな気持ちを抱えているけれど、外で不満を言いそうな人
- 自分の本音が相手には伝わっていないと思っている人

過去に囚われている相手には
未来に目を向けさせる質問をする

「過去にこんなことがあって…」と、いつまでたっても昔のことにこだわっている相手に、手を焼くことはありませんか？

過去に囚われている人は、
「あのとき、ああしていれば…」
と後悔したり、うまくいかない理由を人や何かのせいにしがちです。そんなときには、今後どうしたいかを問いかけてみましょう。視点を過去ではなく未来に向けさせるのです。

> マイナス発言を繰り返す人に
> 言ってはいけないフレーズ

❌「もっと前を向きなさいよ」
❌「なんでそうなっちゃったの？」

POINT
- 相手が耳を傾けなくなるので、逆効果
- 「なぜ？」で原因追及すると、余計に苦しくなる

そんなときには、会話の途中でもいいので、こう突っ込んでしまいましょう。

マイナス発言を繰り返す人に効果的なフレーズ

○「それで、本当はどうなりたいの？」
○「理想の状態って、どんな状態？」

POINT　●未来に目を向けられる
　　　　●視点がポジティブになる

未来に向けた問いかけをされると、人は無理やりでも未来に目を向けるようになります。「なぜ？」（WHY）という問いでは原因を探ることしかできず、答えが出ません。

でも、「どうしたら？」「どうやって？」（HOW）という問いなら、未来の解決策が生まれます。

過去に囚われている人やネガティブな人には、ぜひ未来に目を向けさせる質問をしてみてください。

不満しか口にしない相手には 「あなたは何ができるのか?」と 問い返す

「あの人が協力してくれないから進まないんだ」
「部長が評価してくれないから、私はやる気が出ない」
「ロールモデルがいないから頑張れない」
　こんなふうに、人がしてくれないことに不満ばかり訴えている人に同調すると、余計に不満が爆発します。こんなときには、「あなたには何ができる？」と切り返しましょう。

「○○さん（あなた）はどうしたいの？」と切り返すことは、他責にしてばかりで自責の発想がないことに気づいてもらうことが狙いです。
　主語を「あなた」に変えることで、一気に本人主体にさせるのです。

　不満を抱えていても、問題は解消されず、ますます不満やストレスは大きくなるばかりです。本当のところ、ほかの人のせいにして自分は変わりたくないと自己防衛していることに気づいてもらいましょう。

第3章
質問する

相手が不満ばかり言うとき

❌「そうだよね。大変だよね〜」
❌「わかるわかる！」

⭕「じゃあ、あなた（○○さん）には何ができるの？」
⭕「あなた（○○さん）はどうしたいの？」
⭕「あなた（○○さん）ができることは何かを考えてみない？」

POINT　●「あなた」を主語にすることで、自分ごととしてとらえてもらう

自責

- 「あなたはどうしたいの？」
- 「あなたができることは何かを考えてみない？」

他責

- 「あの人が協力してくれないから進まない」
- 「部長が評価してくれないから、私はやる気が出ない」
→問題が解消されない、自己防衛

電話で相手の名前が
2回も聞き取れない！ どうする?

　電話では声がこもってしまったり、相手が早口の場合、聞き取れないことがあります。1回ならまだしも、2回となると聞きづらいですよね。
　しかも電話は相手の顔が見えませんから、なおさらです。「何度も言わせるな」と不快感を与えるのでは？　イラつかせないだろうか？　と、心配になることもあるでしょう。
　しかし、相手が誰だかわからないと取り次いだ相手はそのあとの話をスムーズに進められません。ほかの誰かと勘違いしてはトラブルの元にもなります。
　そう考えると、ここできちんと聞いてしまったほうがいいのだと思うことにしましょう。

- **「聞き取ることができず、本当に申し訳ありません。間違えてお取り次ぎしてしまいますといけませんので、今一度、おっしゃっていただけますでしょうか」**
- **「たびたび申し訳ありません。今一度お名前をおっしゃっていただけますでしょうか。正確にお聞きしたいので。恐れ入ります」**

第3章
質問する

POINT
- 一度で聞き取れなかったことを丁重にお詫びする
- 申し訳なさそうに伝える

聞こえたけれど、不確かなとき

○「恐れ入りますが、○○様でお間違えないでしょうか」

周囲がうるさくて聞き取れないとき

○「たびたび申し訳ありません。周囲が騒がしく、お名前を聞き取ることができませんでした。今一度、お教えいただけないでしょうか」

再度名乗ってもらえたら、「ありがとうございます！」とお礼を伝えましょう。

事例を出して
「そういえば…」を引き出す

　相手から話を引き出したいとき、できる人は、あえて考えられる例をあげて、相手からエピソードを思い出させます。とくに仕事において、相手からニーズを引き出し、相手に具体的に考えてほしい場面でこれができると、有効です。

　たとえば、取引先の人事部に研修の提案をしたいとき。
◯「部下の人たちのことで、お困りごとはありませんか？たとえば何度注意しても同じミスを繰り返したり、指示したことしか行動しないとか…」
こんなふうに、具体的に例を提示すると、相手から「そういえば…」を引き出しやすくなります。
「そういえば、営業部でも総務部でも同様の悩みを聞くようになりましたね。とくに新卒で入ったメンバーに多くみられて、30代のマネージャーたちが苦労しているんですよ…」
　ヒアリングして、相手の言葉で気づきを言ってもらうと、答える側にも自覚が芽生えて提案しやすくなります。

ステップ1　テーマを伝える

「コミュニケーション（部下指導）においての課題は何ですか？」

ステップ2　「たとえば…」の例をあげる

「『パワハラにならないよう、どう叱ったらいいか』『世代、価値観の違う部下に、どのように接したらいいか』など、何か思い当たることはないでしょうか？」

ステップ3　相手の発言を引き出して、提案する

「私が提案する研修で、それらを解決する糸口が見つかるんです」

聞きにくいことは
「さしつかえなければ…」を挟む

　お願いしづらいこと、また個人的なデリケートなことなどは、聞きづらいときに「さしつかえなければ…」と切り出します。このフレーズには、「もしできれば…」という意味が含まれているので、したくなければ断ってもいいですよ、という気持ちで言うことを心がけましょう。強引と思われる言い方はNGです。

　❌「おおよその予算はいくらなんですか？」
　❌「ぶっちゃけ、何がマイナス要因だったのか教えてくださいよ」

　⭕「さしつかえなければ、おおよその予算を教えていただけませんでしょうか？」
　⭕「さしつかえなければ、どのあたりがマイナス要因だったのかお聞かせいただけないでしょうか？」

POINT
- 相手も答えやすい
- どの程度まで答えるか、相手が判断できる

第4章

切り出す、切り返す

ゴールは、
嫌われずに意思表示できること

マウンティングには
応戦しない

「仕事の依頼が多すぎて困っちゃう。○○さんは時間がありそうでいいよね」

「俺なんて、商社に勤めていて億単位のお金を動かしているから大変だよ。プレッシャーがない人が羨ましいよ」

　自分のほうが立場が上であるとアピールしたいとき、人は相手を下に見るような言い方をします。これがマウンティングです。

　マウンティングする人は、じつは根底に劣等感を持っています。つまり、自信がないのです。ですから、相手からマウンティングされてイラッとしたときは、相手と同じ土俵に乗らないのが一番です。

　また、マウンティングをする目的は、その場で自分が優位に立つことですから、その目的さえ達成されれば、本人は満足なのです。発言に大きな意味もないので、言われたことをいつまでも気にせず、さらりと返したほうがいいでしょう。

相手が仕事でマウンティングしてきたとき

第4章
切り出す、切り返す

⭕「○○さんの仕事ぶりは、勉強になることがとても多いですよ」

プライベートのことでマウンティングしてきたとき

⭕「憧れの生活スタイルだと思うな」
⭕「それは素敵ですね」

どうしても、相手を立てたくないとき

⭕「ふ〜ん。そうなんですね」
⭕「そうなんだ〜。ところでさ」

POINT
- 無表情のまま言う
- 違う話を始めると◎

❌ ムッとする

POINT
- 相手の思うツボになってしまう
- ポーカーフェイスは崩さないほうがいい（相手を嫌な気持ちにさせたくてマウンティングする人もいるため）

嫉妬には変化球で
さらりと返す

　嫉妬は、自分と近い存在だと思っている相手に対して、してしまうものです。自分より遠くかけ離れた相手には、嫉妬心は湧いてきません。

　マウンティングの場合は、自分が優位に立つことが目的ですが、嫉妬の場合は、自分がほしくても手に入らない羨ましさを相手にぶつけるのが目的です。

「○○さん、最近忙しそうでいいよね」
「○○さんはみんなにかわいがられていていいよね」

　人から嫉妬心を向けられたとき、一番いいのは、正面から応戦しないことです。あまり深く受け取らず、大変なこともあることを匂わせながら、さりげなく切り返しましょう。
「忙しそうでいいよね」
　と言われたら、
「いろいろ大変なこともあるんですけれどね」
　とさりげなく流す。

　嫉妬の場合は、切り返し方によって、相手の感情が変わります。勝負しようとしないことを鉄則にしましょう。

第4章
切り出す、切り返す

❌「うまくいきすぎちゃって、本当に時間が足りなくて〜！」…自慢をかぶせる
❌「あなたも、もっと営業に力を入れて頑張ったらいいんだよ」…アドバイスする
❌「私なんて全然ですよー！　まだまだでたいしたこともないしー」…あからさまに謙遜する

⭕「うまくいっていることばかりではないんですけれどね」
⭕「○○さんも毎日充実しているのがSNSから伝わってきますよ！」

POINT
- あえてマイナス要素も伝える
- 相手のいいところを伝える

同僚から嫉妬されたとき

「○○さんはきれいだから、仕事がうまくいっていていいよね」と相手から嫉妬されたとき

⭕「きれいと言ってくださって嬉しいです。ありがとうございます！」
⭕「そう？　私から見れば、□□さんにも『いいな』と思うことがたくさんあるよ」

女性のねじれた嫉妬には
明るく切り返す

　羨ましいことを口にする程度の嫉妬ならまだいいのですが、相手のことが羨ましくて仕方がないというねじれた嫉妬心を抱く人もいます。敵にまわすと怖いタイプですね。この場合は、明るく切り返して会話を切ってしまうのがいいでしょう。

　たとえば仕事もあって育児もしている女性が、家事代行サービスに頼んでいる話を知った独身女性から「え!?　主婦なのに家事をしていないの!?」と言われたときの切り返し方を紹介します。

❌「私だって頑張ってるんです!」
❌「○○さんだって、やってみればいいじゃないですか!」

POINT　●反発する言い方は大きなシコリが残るため要注意

⭕「そうなんです!　自分では時間のやりくりが難しくて頼んでしまっているんです」

POINT　●明るく返すぐらいがちょうどいい

第4章
切り出す、切り返す

◯「私はB型で、四角いところを丸く掃いてしまうので、掃除が苦手なんですよ」

POINT　●冗談っぽく言うのもあり

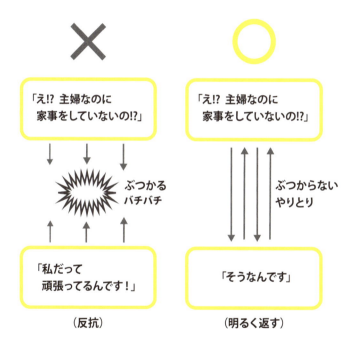

男性からの根深い嫉妬には、
相手を立てて返す

　男性の嫉妬には、特別な注意が必要です。
　男性は女性以上に、メンツや名誉、社会的地位にこだわります。そのため、男性は自分の地位や立場を脅かすような相手に対しては警戒し、足を引っ張り、ひどい場合は社会的抹殺を狙います。
「なんか気に入らない」という女性の嫉妬の場合は、一定期間無視していれば、相手も張り合いがなくなり攻撃を仕掛けることをやめますが、男性の場合はそうはいきません。自分の社会的地位を脅かす人はどこまでも嫌いですし、「優秀な部下は潰すしかない」と思っているような人もいます。

　こうしたことは今に始まったことではなく、常に生きるか死ぬかの戦いを強いられてきた男性としての習性なのではないかとも思います。

男性に嫉妬を向けられたとき

　◯「○○さんをお手本にしています」

第4章 切り出す、切り返す

○「○○さんのお仕事はいつも拝見して、勉強させていただいています」

 とくに、お世話になっている男性には、尊敬の念を口にすることを心がけたほうがいいでしょう。
 第三者に対しても「いつも○○さんには大変お世話になっているのです。○○さんあっての現在ですから」と伝えておくようにすると、間接的に本人の耳にも入り、関係が悪化することもありません。
 男性に対しては、相手を立てるという行為を、とにかく忘れないようにしたいものです。

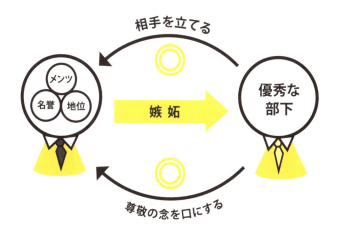

質問の「なぜ?」を詰問の「なぜ!?」にしない

　何か疑問が湧いてくるとき、「なぜ？」「なんで？」と問いかけることはよくあるはずです。ただ、人に対して「なぜ？」と投げかけるときには注意が必要です。
　受け手が責められていると受け取ってしまうことも多いからです。「なぜ、こういうことになったの？」と３回立て続けに言われると、相手は思考停止に陥ってしまいます。

理由を尋ねたいとき

❌「なぜ期限を守れないの？」
⭕「期限が守れないことが続いているけれど、なぜだか理由があれば教えてくれる？」

第4章
切り出す、切り返す

こちらの要望を伝えたいとき

❌「なぜ言ったとおりやらないの？」
⭕「今後は、約束した期限を守ってほしいんだ。期限の3日前に進捗状況を報告してくれるかな。万が一期限を守れなさそうなときには、途中でかならずこちらに伝えて」

解決策を探したいとき

❌「なぜ何度も繰り返すの？」
⭕「繰り返さないためにどうしたらいいか、一緒に考えようか」

正当な評価をしてもらえていないと感じたとき

❌「なんで私がこんな評価なんですか？　部下のこと、ちゃんと見てないですよね！　上司として失格だと思います」
⭕「評価についてですが、なぜ、この評価をつけたのか、教えていただけますか？」

相手の涙には冷静に切り返す

　涙は「これ以上私を責めないで」という自己防衛の気持ちの表れです。
　何かを指摘して涙を見せられたとき、オロオロして慰めたり、優しくするのはNG。泣けば許してもらえると思って、繰り返します。
「泣くんじゃない！」と怒っても、余計に涙を増長させるだけ。「泣いてもどうしようもないんだ」と相手に自覚してもらうようにすることが一番です。こちらはいつでも冷静に対処しましょう。かける言葉も、ドライにします。そうすると、泣く回数は減っていきます。

相手が泣いたとき

❌「なんで泣くわけ!?」と感情的に怒鳴る
❌「責めているわけじゃないんだからさ…お願いだから泣かないでよ」
❌「泣くな！」と怒る
❌「だ、だだだ、大丈夫…？」（オロオロする）

- 「泣き終わるまで待つから、涙がとまったら教えて」
- 「泣かれると話ができないから、別の機会にしようか」
- 「泣いても何も解決しないよ」
- 「大事なことだから、泣かないで聞いてほしいな」

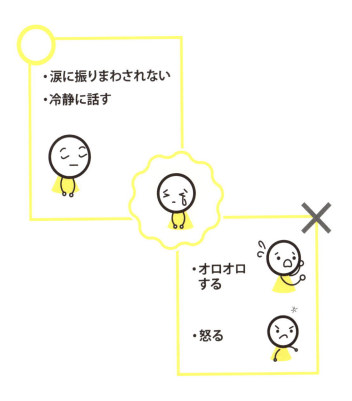

売り言葉に買い言葉を防ぎたいときは勝ち負けの発想を捨てる

　相手に怒りが湧いたとき、
「そんな提案じゃおかしいでしょ。前も○○のときに失敗したくせに！」
と、カチンときた勢いでひどい言葉を投げかけると、関係が修復できないくらい悪化してしまうことがあります。

　そんなときには、相手を打ち負かそうという発想は捨てて、「これを伝えたい」という内容が伝わるように話しましょう。
　ポイントは、相手の感情には乗らずに冷静に話すこと。
　そして、相手が指摘してきたことに対しての答えも伝える。
　これを意識しましょう。売り言葉に乗らないでいると、その分、周囲からのあなたへの印象が上がります。

相手がカチンとくる言葉を言ってきたとき

⭕「今回は、予算の面でも現実的なスケジュールで考えても十分に達成できる提案です。以前のことを踏まえて、私なりに研究したうえでの企画です。ぜひご検討ください」

上記のフレーズでは腹の虫がおさまらないとき

同僚や同じ立場の人なら
⭕「過去のことより、これからのことを話しませんか？」
立場が上の人なら
⭕「前回のことも踏まえたうえでの提案ですから、今回はぜひ、このままやらせてください！」

注意したら相手から逆ギレされたとき

⭕「事情や言い分があるなら聞くので、落ち着いて話してほしいな（ほしいんだ）」

POINT ●ブチ切れてやり返すのはNG！

注意したのに、相手が言い訳をしてきたとき

○「言いたいこと、事情があると思うので、それは聞くよ。その前に今回注意したことは受けとめてほしいな」

注意したときに「今までそう習ってきてないんで」と返されたとき

✗「普通は（一般的には）、こうするのが常識なんだよ」
○「そうなんだ。今まではそうやって習ってたんだね。今後はこのチームのやり方でやってほしいんだ」

相手を否定すると、拗ねたり反発してくるため、いったん相手の言葉を受けとめてから、要望を伝えましょう。

いったん受けとめる

いきなり怒鳴られたら、ひと言だけ返してその場を立ち去る

「いったいどうなっているんだ！　どういうつもりなんだ！」

と突然怒鳴られたら、あなたはどうしますか？

まずしてはいけないのは「違います！」と即座に否定することや、「でも…」「だって…」と言い訳を始めることです。これでは、相手の神経を逆なでしてしまいます。

固まって何も言えなくなってしまうのも、相手をイライラさせてしまうので、おすすめできない反応です。

私も、20代の頃に灰皿が飛んできたり、頭から怒鳴られて怖いという思いをしたことがあります。怒鳴られているとき、「また言っているよ…」と冷静になれる場合はいいのですが、とくに目上の男性から声を荒げられるとビクッとしてしまう女性は多くいると聞きます。

そんなとき、これだけはしたほうがいいという対処法をお伝えします。

強く言われて怖いと思っても、

「申し訳ありません。気をつけます」

この言葉だけは、その場で返すということです。

相手から突然怒鳴られたとき

✘ しくしく泣く…怒りを増長させる
✘ 「違います！」と否定する…歯向かわれたと思ってさらに怒鳴られる
✘ 「でも…」「だって…」と言い訳する…「でもじゃないだろ！」とさらに怒らせる
✘ 無言…「聞いているのか！」と畳み掛けられる

○ （その場ですぐ）「申し訳ありません。気をつけます」
○ （その場を離れる）「では戻ります」
○ （1～3日後）「先日の○○の件でお伝えしたいことがあります。あのときはすぐにお客様に対応しなければならず、事情を話してお引き取りいただきました。今後同様のことがあった場合は報告するようにしますが、誤解がないようお伝えしておきたく、ご連絡しました」

POINT ●ほとぼりが冷めた頃に、言えなかったことを伝えても OK

○ しばらくしてから、「○○さん、さっきのことだけどいい？ いきなり『はらわたが煮えくり返る！』なんて言われて、ちょっとビックリしたよ。どうしたの？」

第4章
切り出す、切り返す

POINT
- 売り言葉に買い言葉にはならないように
- その場で何か言い返したいのであれば、深呼吸して怒りがおさまるのを待ってから伝える

　いつまでもその場にいても相手の怒りはおさまらないので、できるだけ早くその場を離れたほうがいいでしょう。離れられない場合は、頭の中で違うことを考えるなどして、最後に「申し訳ありませんでした」と言い添えて退出します。

　怒鳴られるのは苦手という人が多いのですが、世の中にはそういう人もいるのだと慣れることも必要です。上司がよく怒鳴る場合は、ひとりで抱え込まずに同僚と対処法を共有しておけると、恐怖感も和らぐかもしれません。

　普段温厚で冷静な人が怒鳴ったという場合は、自分にも思い当たる原因がないか、省みてはどうでしょうか。

いきなり怒鳴られたら、ひと言だけ返して立ち去る

相手の間違いを突っつかないで
言い分を切り出す

　相手が間違えたり勘違いをしている場合、相手の間違いをズバリと指摘するのはやめたほうがいいでしょう。プライドを傷つけたり、「恥をかかされた」と不快な思いをさせることになってしまうからです。
　ただ正しく伝え直すことをするだけにとどめます。
　相手が顧客の場合は、誤解なく伝え切れていなかった自分にも問題があるととらえて「わかりづらい説明で失礼しました」とひと言添えたほうがいいですね。

相手が間違えているとき

❌「それって間違えていますよね」
❌「○○さんが勘違いしていますよね」

⭕「今回のプロジェクトの進め方は、森田さんと竹内さんの間だけで共有するのではなく、チーム全員で共有するようにお願いします」
⭕「申し訳ありません、確認したいことがあるんです。〜

は私のミスではないので、今一度、確認していただけないでしょうか」

POINT　●間違えているところだけ正しく伝え直す

上司の指示が以前と違うとき

✘「この前とおっしゃっていることが違いますよね？」
〇「恐れ入ります、確認してもよろしいでしょうか。以前、〜のようにご指示いただきましたが、今回の指示通りにすればよろしいでしょうか？」

ズバリ指摘 ✘ → 相手の勘違い・間違い ← 〇 正しく伝え直す

・プライドが傷つく
・恥をかかせてしまう

・相手が顧客の場合、「わかりづらい説明で失礼しました」と添える

答えたくない質問には質問で切り返す

「年収はいくらもらっているの？」「なんで離婚したの？」など、相手から答えたくない質問をされたときには、次のような質問で切り返す言い方がおすすめです。

答えたくない質問をされたとき

◯「転職かぁ。○○さんはどう？」
◯「そっかぁ。年収ね。○○さんは気になるの？ ○○さんはいくらもらっているの？」
◯「子どものことね。○○さんはどう？」
◯「離婚ね。なんでだろうね」

POINT ●すべて質問で切り返す

相手が意気揚々と答えてきたら、
◯「○○さんと同じくらいかなぁ」
◯「○○さんほどではないよ」
と、さらりと返すぐらいがおすすめです。

蒸し返されたくない過去のことを質問されたとき

○「過去のことはあんまりこだわってないんだ」
○「これからのことしか考えていないんだよね」

POINT　●すぐに「ところで」と違う話題に切り替えてしまう

　こんなふうに質問返しをしていれば、それ以上に突っ込まれることは、あまりないですよ。

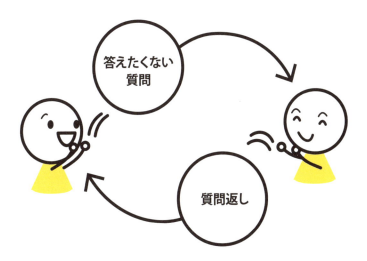

自虐ギャグには
明るく否定して返す

「私って、皺盛りの厚塗りババア50歳だし〜」
「ハゲにはつらい冬が近づいてまいりました」
　など、こちらがどう返していいかわからない自虐ギャグを言われて固まることはありませんか？
　こんなとき、ただ沈黙してしまうのは気まずくなるので避けたいところ。「…そ、そんな…」と深刻に受けとめると、言った本人もいよいよ気まずくなってしまいます。ではどうすればいいでしょうか。

　まず心がけたいのは、明るく否定してあげることです。
　自虐ギャグを言う人の心理は、「かまってほしい」という気持ちを持っていたり、「そんなことないですよ」と否定してほしかったり、その場を盛り上げようとサービス精神旺盛であったり…と、人によって違っています。どのタイプの人でも、明るく否定をするスタンスでいれば、傷つく人はいませんし、場の空気が凍りつくこともないまま会話を進められます。
　自虐ネタは、まわりもリアクションに困ってしまうので、あなた自身も、あまり言わないようにしましょう。

第4章 切り出す、切り返す

自虐ギャグを言われたとき

❌「…そ、そんな……」
❌「…それは大変ですね…」

POINT ● 深刻に受けとらない

⭕「え〜! 何を言っているんですか（笑）! 全然そんなことないのに」
⭕「またまたそんなことを言って!」

髪の毛の薄い目上の人が自虐ギャグを言ってきたとき

⭕「そんなことないですよ〜」（そう言ってほしい人もいる）
⭕「○○さんは、まぶしい存在です」（冗談が伝わるなら）
⭕「ブルースウィルスみたいで素敵ですよ」

POINT
● 明るく否定すると場が和やかになる
● 冗談が通じる相手には明るいギャグで返すのもあり
● 逆にほめると相手の自己肯定感も上がる

ほめられたときには、
謙遜しすぎず相手のことも立てる

　人からほめられると、つい謙遜してしまうのが日本人のクセです。
「いえいえそんなことないですよ」「たまたまですから」と返すぐらいならいいのですが、「滅相もございません」とまで言ってしまうと、ほめた相手も居心地が悪くなってしまいます。せっかくいいと思っていることを伝えているのに拒絶されたように感じさせてしまうのは、相手に失礼ですし、「言ってはいけなかったのかな…」と思わせてしまうこともあります。

　ほめられたら、素直に受け取る言葉を用意しておきたいもの。ほめられ上手は世渡り上手。気持ちよくほめられることは、相手への礼節でもあります。

相手からほめられたとき

❌「そんなそんな…とんでもないことです」
❌「○○さんの活躍に比べれば…私なんて足元にも及ばないです…」
❌「これぐらい、俺の通過点なんで…」

> **POINT**
> ● 謙遜しすぎない
> ● 逆に卑屈に聞こえる言い方、傲慢な言い方は NG

⭕「ありがとうございます！ そう言っていただけて嬉しいです！」
⭕「○○さんにそう言っていただけて、感激します」
⭕「あまり言われたことがないので、ちょっと照れ臭いですが、ありがとうございます」

まわりも立てる言葉を言いたいとき

⭕「ありがとうございます。これもみなさまのおかげです」

グループで話していない人にも
さりげなく話を振ってみる

　さりげなく話を振ることができる人は、その場の主導権を握れる人です。
　グループで会話をしているとき、全体を見て、その場にいるメンバーたちにまんべんなく話を振ることができると、とてもスマートで気づかいができる人にみられます。心がけたいのは、相手が答えやすいような質問で、話を振ることです。

　ある有名新聞社主催のパネルディスカッションで、いつもコーディネーター役を務める女性キャスターがいます。彼女は複数のゲストコメンテーターを相手に話をしてもらう際、
「怒りにどう対処するかという質問が出ていますね。この件は、怒りの対処法のプロフェッショナルでもある安藤さんのご意見を伺いたいのですが、いかがでしょうか？」
　と、瞬時に質問を投げるべき相手を見極め、なおかつ話を振られた相手が答えやすい質問を投げかけてくれるため、重要な現場で引く手あまただといいます。
　全体を見渡して、仕切り、話を振れる。この能力があると、どこにいっても欠かせない人材になります。

第4章
切り出す、切り返す

会議でまったく自分の意見を言わない人に、発言をうながしたいとき

❌ まわりを見ることなく、ひとりで話し続ける
❌ 興味のある話にだけ食いつく
❌「○○さん、さっきから黙っているけれど、何か言いたいことはないの？」
❌（ほかの人に話を振らないで）「みなさんもそう思っていますよね」

⭕「会議では全員のご意見を伺いたいと思います。○○さん、いかがですか？　思っていること、考えていること、なんでもかまいませんので、お聞かせいただきたいのですが、いかがですか？」
⭕「○○さん、□□について何かご意見はないでしょうか？」…話題を絞って聞いてみる
⭕「○○さんの意見もぜひ聞かせてほしいのですが、いかがですか？」
⭕「○○のことと言えば、△△さんが詳しいのではないかと思うけれど、△△さんはどう思う？」

誘いの断りや、好みではない
異性の紹介には「お礼＋断り」

　気乗りしない上司との飲み会や、とくに興味がない異性を紹介されそうになったとき、「無理です。気が乗らないので結構です」とは言えません。

　こんなときにとっておきのセリフは、まず「誘っていただいてありがとうございます」と、お礼の気持ちを伝えることです。そのうえで「申し訳ありません。〇〇の理由で、伺えないのです」と理由を話しましょう。お礼のワンクッションがあることで、相手も嫌な気持ちになりませんし、スマートに誘いを断ることができて後味が悪くなりません。

　目上の人からの誘いを断る場合は、相手の面子を潰さないよう真面目に、同じような立場の人からの断りづらい誘いには、ユーモアを交えながら断ると、気まずくならなくてすみます。

第4章
切り出す、切り返す

目上の人に声をかけていただいたとき

❌「私、そういうの興味ないんですよ」
❌「忙しいので…」

POINT ●もう声をかけてもらえなくなる

⭕「その日は先約があるので、伺えず申し訳ありません」
⭕「じつは、夜になかなか出歩くことができない状況なんです」
⭕「勉強していることがあって…」
⭕「子どもがまだ小さいので」
⭕「親の体調がよくないのです」
⭕「今はまだ、誰かとお付き合いできる状況ではないんですよね」
⭕「ジョージクルーニーみたいな人がいたら、ぜひ紹介してください！」

POINT
●「お誘いいただいてありがとうございます」と最初に伝える
●紹介する気を起きなくさせたり、ちょっとおもしろく断るのもあり

153

利害関係のある異性からの告白を、お断りしたいとき

◯「私はお仕事で関わっている人とは、プライベートのお付き合いをしないことに決めているんです。女性であることを武器にして仕事をしていると思われてしまうと、仕事の信頼に関わることですので、ご理解いただけたらありがたいです」

カラオケで「歌いなさい」と強要されて困ったとき

△「今日は、ちょっと喉にエヘン虫がいるので…」

POINT ●頑なに断ると場の空気が乱れるので、明るくやわらかく

◯「今日は◯◯さんの歌が聞きたいです！ そうだ！ 十八番の『勝手にシンドバット』、歌ってくださいよ〜」

先輩や上司からの飲みの誘いを断りたいとき

○「お誘いありがとうございます。申し訳ありません、体調がすぐれなくて…（家族の用事がありまして、先約がありまして）ご一緒できないのです。またぜひ、次の機会にお願いします！」

POINT
- まずは誘っていただいたことの御礼を伝える
- 断る理由を伝え、またお誘いいただきたいと伝える

誘っていただいたことの御礼

断る理由+「またお誘いいただきたい」

相手の面子を潰さない

気まずくならない

裏付けのない「大丈夫」は相手をイラッとさせる

「お願いしていたHの案件、スケジュールどおりに進みそうなの？」
「はい、大丈夫です」

　このようなやりとりがあったあとで、締め切り当日に「間に合いませんでした」と伝えたとしたら…これは大きく信頼を損なう行為ですね。

✕「大丈夫です。問題ありません」

> **POINT**　●なぜ大丈夫かがわからず不安になる人もいる

〇「今8割終わっていますので、2日後の期日には間に合います」
〇「はい。今残り1支店のデータを待っているところで、本日中にいただけることになっています」

> **POINT**　●根拠を示す
> ●現在の状況を伝える

上司が部下に新しい役割を任せようとするとき、「はじめてなので不安があります」と正直な気持ちを吐露したところ、「大丈夫。君ならやれる」と根拠なく言われて戸惑ったという話を、女性たちからよく聞きます。「大丈夫」とだけ言われると、無責任に丸投げされたという気持ちが湧いてしまうのです。新しいチャレンジをさせるときには、なぜお願いすることにしたのかという理由を説明することと、不安へのフォローの言葉を添えたほうがいいでしょう。

相手を勇気づけたいとき

❌「大丈夫。君なら全然問題ないでしょう」

⭕「○○さんは、A社のプロジェクトでいい働きをしてくれていたから、そのときの経験が活かせるだろうということで、今回お願いしたいという話になったんだ」

POINT ●理由を説明する

⭕「何か困ったことがあったらいつでも相談してほしい」

POINT ●不安を解消する

苦手な相手と帰りが一緒になりそうなときの対処法

　苦手な相手と帰りが一緒になりそうなとき、歩いていて気まずい雰囲気が流れることはありませんか？

　そんなときは無理に一緒に過ごす必要はないと思います。しないほうがいいことは、声もかけずにあからさまに避けたり、ストレートに「ひとりがいいので」と言ってしまうこと。相手が傷つきます。

　電話やお手洗いなど、理由を伝えてその場を離れるようにしましょう。

✕「ひとりが落ち着くので、ここで失礼します」

POINT　●ストレートに言いすぎると相手が傷つく

〇「電話を一本かけるので、ここで失礼します」
〇「お手洗いに寄っていくので、ここで失礼します」
〇（相手の話がなかなか終わらないとき）**「話の途中ですみません。これから寄るところがあるので、ここで失礼しますね」**

名刺交換のときの気の利いたひと言

　初対面の相手と名刺交換をするとき、気の利いたひと言が言えると、話も弾みますね。はじめての挨拶でかんじのいい印象を残せる人は一目置かれます。
　私がおすすめしているのは、「○○さん、このたびはよろしくお願いいたします」と、まず相手の名前を呼んで挨拶することです。個人名を呼びかけることで、親近感を抱かせることができ、距離も縮まります。こんな言葉を伝えられると、相手があなたに抱く印象がぐっとよくなります。

- ✗ 目を合わせず挨拶し、もらってすぐに名刺をしまう
- △「よろしくお願いします（終了）」…話が盛り上がらない
- ◯「素敵なお名前ですね」
- ◯「綺麗な名刺ですね」
- ◯「親御さんの思いが感じられるお名前ですね」
- ◯「はじめてお目にかかるお名前です」
- ◯「いいお写真ですね」
- ◯「○○さん、今後ともどうぞよろしくお願いいたします」

「初対面で感じよく印象に残る自分」を目指しましょう。

上司と2人きりになったら、
上司の好きな話題を振る

　話しやすい相手ならいいのですが、ちょっと苦手な上司と2人きりになってしまったら、あなたはどうしますか？

　無難なのは、上司が好きな話題を振ることです。人は自分の話を聴いてくれる人を好きになるものです。話すことより、聴くことに徹すればこちらの緊張も解けますし、相手の気分もよくなります。

◯「○○部長はゴルフがお好きなんですよね。いつもどちらのコースをまわっていらっしゃるんですか？」

POINT　●上司自身が好きな話題なら、喜んで話をしてくれる

仕事のことについて質問するのもいいですね。
◯「先日の契約がうまくいった秘訣を教えてください」

POINT　●勉強熱心だと思われ、学びになる話を聴くこともできる

仲がいいことを知っているのなら、上司の家族のことを話題にしてもいいでしょう。知らなかった上司の一面を知ることもできるかもしれません。思いきって自分のことを話してみるのもありです。自己開示をしたほうが、相手が親近感を抱いてくれるようになります。勇気がいるかもしれませんが、関係性を深める大きな一歩になります。

突然上司と2人きりになったとき

❌ ずっと黙ったまま…悪印象を抱かれる
△ 「はい」「いいえ」しか言わない…盛り上がらない
⭕「釣りがご趣味だと伺ったことがあるのですが、どのあたりによく行かれるのですか？」…会話が途切れない
⭕「以前大阪支店に勤務されていたそうですが、大阪は私の故郷でもあるんです。いいスポットはありましたか？」…共通点を探して盛り上がる
⭕「週末はご家族とはどんなふうに過ごしていらっしゃるんですか？」
⭕「じつは、結婚しようか迷っているのですが、○○課長の結婚の決め手はなんだったのでしょうか？」
⭕「苦手な取引先があるのですが、こんなときどうやって対処されましたか？」

上司とエレベーターで一緒になったとき

⭕「お疲れさまです」と爽やかに笑顔で挨拶

POINT ●エレベーター内での私語は好ましくないので、ほかに乗っている人がいれば挨拶程度でOK

⭕「今日は暑いですね（寒いですね）」

POINT ●さしさわりのない天気の話もすぐ終わるので○

⭕「昨日、野球ご覧になりましたか？ ○○球団勝ちましたね」
⭕「週末はどこかいらしたんですか？」

POINT ●上司の趣味の話題も○

第 5 章

大勢の前で話す

ゴールは、
聴衆の心を惹きつけること

自分の話に
値引きシールは貼らない

　大勢の前で話をするとき、とくに自信がないときには、ついそのことを口にしてしまいそうになります。でも、ひと言めから「私の話には、たいした価値がないかもしれませんが」などと言われたら、貴重な時間を使って聴いている人たちは困惑します。

　こういう値引きシールを貼る人は、「うまく話せなくても責めないでくださいね」という自己防衛の気持ちを持っています。これは言い訳です。自分の価値を自分で下げるような話し方をすると、せっかくいい内容を話していても、聴き手の感動が半減してしまいますし、聴き手の人たちに失礼です。

　私は、講師になりたい人たちを指導するとき、「自分の話に値引きシールを貼らないように」と伝えています。

　役割を任されたのなら、言い訳などせずに潔く、精一杯話すことを心がけましょう。
　聴き手もエネルギーを使っているということを、忘れずに。

第5章
大勢の前で話す

❌「つまらない話かもしれませんが」
❌「まとまりのない話で本当に申し訳ないのですが」

⭕「せっかくいただいた機会ですので、みなさんのお役に立てる話をお伝えできればと思います」
⭕「正直なところ、とても緊張していますが、精一杯話をさせていただきます」

◎値引きシールは貼らない

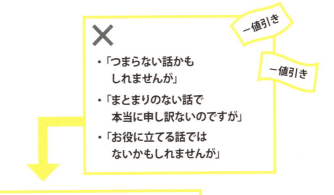

無理にジョークで始めなくていい

「欧米人のスピーチはジョークから始まり、日本人のスピーチは言い訳から始まる」という言葉があります。

　言い訳はもちろん不要ですが、たいしておもしろくもないのに無理にジョークを言う必要もありません。
　プレゼンテーション研修を実施すると、どれだけウケるかということを重視する人が一定数います。でも、大切なのは、ジョークよりも内容です。ためになる内容があってこそスピーチは成り立つもので、ジョークはスパイス程度の存在。
　笑いをとるのが苦手な人は、さわやかに「みなさまこんにちは。今日はよろしくお願いします」と言って始めればいいのです。
　そのほうがよほど好感を抱いてもらえます。

- 「みなさまこんにちは。○○○○と申します。本日は仮想通貨の未来についてお話ししたいと思います。よろしくお願いいたします」(ハキハキと)
- 「不器用なので、おもしろいジョークは言えませんが、聴いていただければ幸いです」

第5章
大勢の前で話す

はじめの挨拶で聴衆を惹きつける

はじめの挨拶で聴衆を惹きつけるには、なんといっても噛まないこと。冒頭で噛んでしまうと、調子が悪いまま進むことになります。日頃言い慣れている、
「おはようございます」
「こんにちは」
といった挨拶言葉で始めたほうがいいでしょう。

挨拶をすると、聴き手たちがこちらに注目してくれます。

挨拶の言葉を投げかけたら、言葉を返してもらえるくらいの間を置きましょう。そのあとに名前を名乗り、どんなテーマについて話すのかをひと言で伝えます。

ここまでは、ゆったりしたペースで言葉にしましょう。そのほうが、自分の緊張感も和らぎます。

〇「おはようございます。アドット・コミュニケーションの戸田久実です。本日は○○について、お話しいたします」

- ・挨拶
- ・自己紹介

- ・テーマ
- ・内容の話

- ・挨拶

ゆっくり、丁寧に

「うん」と相手がうなずく程度の間を入れる

　話の鉄則は、まず理解できるスピードであること。
　そしてひと言で言い切れるくらい短文であること。
　誰でも耳にしただけですっと頭に入ってくるぐらい、言葉が短く簡潔であること。この3つが欠かせません。

　私たちの脳が1回で理解しやすいのは、1分間300文字程度といわれています。NHKの夜のニュースのスピードが、ちょうどこれに該当します。

✗「アンガーマネジメントとは、アメリカで開発された心理トレーニングで、怒ってはいけないということではなく怒る必要のあることには上手に怒れ、怒らなくていいことには怒らなくてすむようになれる、怒りとうまく付き合えるようになる心理トレーニングです」

POINT ●「、」でつながってばかりで「。」がないと頭に入らない

◯「アンガーマネジメントとは、アメリカで開発された心理トレーニングです。怒らないことを目指すことでは

第5章
大勢の前で話す

ありません。怒る必要のあることには上手に怒れ、怒らなくていいことには怒らなくてすむようになれることです。つまり、怒りとうまく付き合えるようになる心理トレーニングです」

POINT　●同じ解説でも「。」が多く入ることで、ぐっとわかりやすくなる

1文の文字数は、30文字前後で、多くても45文字まで。原稿を用意するときに、数えてみてください。

また、1文を話すごとに、相手が「うん」とゆったりうなずけるくらいの間をとりましょう。人は聴いた内容を頭で理解するのに1拍以上の間が必要です。間をとる間に、聴き手に理解してもらうことができます。

✗「アサーションとは、お互いの主張や立場を大切にした自己表現のことなんですけど、相手の話にも耳を傾けたり、お互いのコミュニケーションを大切にするものなので、解決を目指して話し合うことも重要と言えるし…」

POINT　●「…けど」「…ので」「…だし」が続くのはNG！

❌「お互いを大切にした自己表現で、相手の話に耳を傾けることも大事で、解決を目指して話し合うことも必要で、」

POINT　●「で」でつなげる話し方は NG！

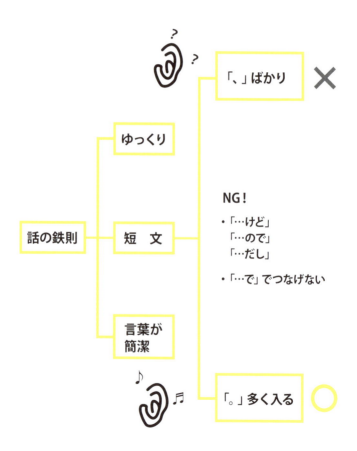

ビジネス用語にふさわしい接続詞

普段話している口語体の口調を、そのままスピーチでも使うと、格が下がったものに聞こえてしまいます。公式の場で話すときには、かしこまった接続詞を使うだけで、ぐっと場にふさわしい話し方になります。

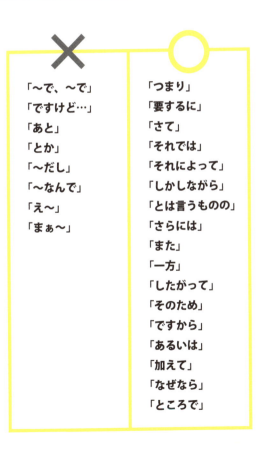

×	○
「〜で、〜で」 「ですけど…」 「あと」 「とか」 「〜だし」 「〜なんで」 「え〜」 「まぁ〜」	「つまり」 「要するに」 「さて」 「それでは」 「それによって」 「しかしながら」 「とは言うものの」 「さらには」 「また」 「一方」 「したがって」 「そのため」 「ですから」 「あるいは」 「加えて」 「なぜなら」 「ところで」

プレゼンテーションでは、
まず全体像を示す

　プレゼンのときにしてほしいのは、冒頭でざっと全体像を示すことです。

◯「本日は、問題解決に向けたクレーム対応についてお話しします(テーマについて)。まず、本日の話の流れについて、ご説明します。最初に、クレームに対しての考え方、2番めにクレーム対応の基本ステップとポイントについて、3番めは、クレームを言うお客さまの心理、4番めに事例紹介、最後に、同じクレームを繰り返さないためのポイント。以上、この流れで、話を進めてまいります」

冒頭で、どんなテーマについて、どんな順番で話すのかを伝えておくことで、聴き手は「目的」と「流れ」が把握でき、頭の中で整理ができます。内容の理解もしやすくなります。

　資料やスライドで流れの図を1枚で見せて解説すると、視覚的にも目にとまり、よりわかりやすくなります。
　突然内容に入る前に、ぜひ取り入れてみてください。

第5章
大勢の前で話す

全体像の示し方

目的（テーマについて）を話す

流れを話す

台本をそのまま読み上げていては、熱意は伝わらない

　スピーチやプレゼンを頼まれたりすると、一言一句間違いないくらい台本を詳細に書き上げて、そのとおりに読みあげたり、台本を暗唱して話そうとする人がいます。そうなると、話す目的が、「間違えないで読むこと」に気持ちが向いてしまい、「伝わるように話す」という本来の目的が置き去りになってしまうのです。
　これでは、どんなに準備をしても、熱意が伝わりません。

　伝わるように話すには、話す内容の要素をメモにとどめることです。
　あなたが話したいキーワードだけをピックアップしてメモしておき、そのキーワードを見るだけで話せるように何度もリハーサルをしましょう。メモだけ見て話せるようになっておくと、要点を押さえることができるうえ、自分の言葉で紡いでいくことができます。
　人前に出る機会があるときには、メモだけで話す習慣を身につけましょう。

第5章
大勢の前で話す

メモ例

なぜ今、コミュニケーション能力が
求められているかと言いますと、
価値観の多様化が進み、
察するコミュニケーションも期待できなく
なってきたという背景が考えられています。
察するコミュニケーションよりも、
相手に伝わるような言い方を磨くことが
求められるようになってきています。

台本のよう…

コミュニケーション力が求められる理由

価値観の多様化
察するコミュニケーションが期待できない
伝わるような言い方を磨く

一本調子の話は1分で飽きる

　ずっと同じペースで、抑揚もなく話す人がいます。そうすると、内容自体がおもしろいものでも、どうしても聴き手の眠気を誘って、夢の世界へ連れていかれてしまいます。
　また、単調に話をされると、何が大事なポイントなのか、頭に入ってきません。人前で話すことになったときには、一本調子から卒業しましょう。

　一番簡単な方法は、言葉にメリハリをつけることです。それも、あなたにとって、取り入れやすいメリハリをつけてみましょう。メリハリのつけ方の種類はたくさんあります。

　取り入れにくい方法では、話し方も不自然になってしまうので、試しに話してみて、これなら言いやすいというものを選ぶのがおすすめです。2〜3個程度を組み合わせると、リズムよくメリハリが出ていいですよ。

第 5 章
大勢の前で話す

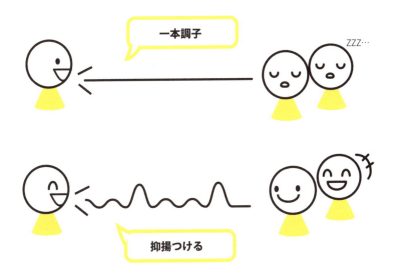

〈メリハリのつけ方〉

強調したいこと	・ゆっくり話す ・繰り返す ・大きな声を発する
大事なポイント	・ポイントの前に間を置く ・「〇〇についてご存じですか?」と呼びかける ・「今から大切なことを言います」と伝える

ジェスチャーは
聴衆の人数に比例させる

　ジェスチャーを交えるそもそもの目的は、相手の注意を惹きつけることです。

　人数が多くなればなるほど、その人数に合わせた大きなジェスチャーにしなければ、聴衆には伝わりません。ただ、日本人にはジェスチャーが不得意な人が多く、急に本番で始めると操り人形のように不自然な動きになってしまうことも…。鏡を見て練習するか、誰かに動画を撮ってもらって、動きを確認するようにしたほうがいいでしょう。

　気をつけたいのは、指先をそろえて指し示すこと、はっきり動くこと。指を使う場合は、指先までピンと伸ばすことです。人数別では、右ページのようなことを意識しましょう。

　ジェスチャーがその場に合っていると、視覚効果も手伝って、聴衆を惹きつけやすくなります。活用したいですね。

第5章
大勢の前で話す

ジェスチャーの取り入れ方

100人以上
- 全身を大きく使う
- 腕を思いきり伸ばす

50人程度（50㎡程度）
- 一番うしろの人まで見えるよう腕をのばす
- 指を使う場合も、自分から50センチ程度話して示す

10人以内（小会議室）
- 自分の目の前で、腕を動かす程度
- 指を使う場合も、自分の目の前で

強調したいことは「です・ます」を使わずに言い切る

すべての言葉を「です・ます」で締めると、抑揚がなく同じトーンに聞こえてしまいます。

強調したいポイントがあるときには、「です・ます」を使わず、あえて体言止めで言い切ってしまうのもおすすめです。

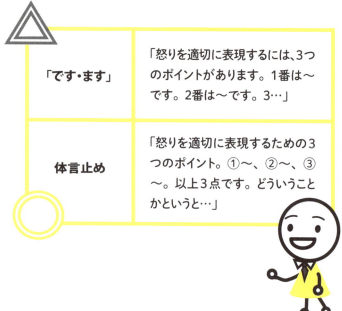

「です・ます」	「怒りを適切に表現するには、3つのポイントがあります。1番は〜です。2番は〜です。3…」
体言止め	「怒りを適切に表現するための3つのポイント。①〜、②〜、③〜。以上3点です。どういうことかというと…」

第5章
大勢の前で話す

意見を伝えるときは結論から述べる

　会議のときや、大人数の前で意見を求められたとき、ダラダラ話しても、聴き手のストレスがたまります。結論から話すのがルールです。

❌「いろいろ考えたのですが、みなさんの話を耳にしていると、迷うところがあります…。あんなことや、こんなこともありましたし、提案内容もどれもいいように思えます。私としては…」

⭕「まず結論から申しますと、A案に賛成です。なぜなら（理由は）…」
⭕「まず何を言いたいかというと」

聴衆の反応を拾えると
一体感が生まれる

　大勢の前で話すとき、聴衆のリアクションを拾えると、場の一体感を生むことができます。初心者の人には難しいので、これは上級者向けテクニックとしてご紹介します。

　話をしているとき、聴き手の中に「それって難しい」と感想をポロリと言う人がいたとします。
　そんな声を耳にしたら「そう思いますよね」と共感したり、首をかしげている人がいたら、「わかりにくい説明でしたか？　もう一度話しましょうか？」と返したり、うなずいている人がいたら「うなずいてくださる方が多くてうれしいです」と返します。マイナスのリアクションを拾いすぎていると、逆に雰囲気もギスギスするので、プラスのリアクションに目を向けるようにするといいでしょう。

　このように、聴衆のリアクションを拾って言葉を返していると、聴き手たちは一対一ではなくてもコミュニケーションがとれているような感覚になりますし、話に引き込まれていきます。
　話し手と聴衆とが一体感を感じられると、自然と場が盛り

第5章
大勢の前で話す

上がっていきますから、結果的に聴き手たちの満足度もぐっと上がる時間になります。

まわりを見渡す余裕が出てきたら、ぜひ声を拾うクセをつけてください。

❌ ネガティブな反応を拾いすぎる…「いま変な顔をしていませんでしたか？」
❌ 注意する…「勝手にしゃべらないでくださいね」

⭕ 共感…「『難しい』と思ってしまいますよね」
⭕ 「『これなら取り組みやすい』とうなずいてくださってありがとうございます」
⭕ 回答…「すぐできるかなとの声がありますが、だいたい3日程度で仕上げることができます」

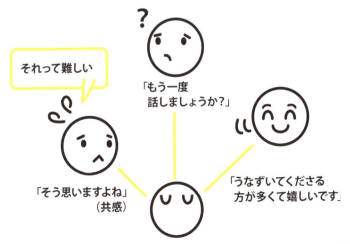

パワーポイントは、
1枚1メッセージでまとめる

　プレゼンのとき、1枚のパワーポイントに、要点をいくつもいくつも載せて、さらに解説文まで細かく掲載して読み上げる人がいますが、私はおすすめしません。スライドに書いてあることを読むことに集中させてしまうと、じつは頭に残りません。加えて、飽きさせてしまいます。

　スライドは、1枚1メッセージにとどめましょう。
　そのほうが、要点がしっかり記憶に残りますし、スライド展開したほうが、聴き手も飽きずに集中できます。

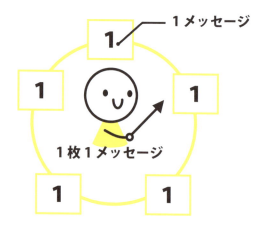

第5章
大勢の前で話す

パワーポイントの例

叱る目的は何でしょうか？

相手をやり込め、再起不能にすることではなく、
相手の成長を願って
意識と行動を改善してもらうことです。
「次からこうすればいいのか！」と、
相手がわかるように
伝えているか振り返ってみましょう！

叱るときのポイント

- 「何」について、「なぜ」叱るのか、
  「どのように」改善してほしいのかを
  具体的に伝える
- 一度にひとつのことに限定する
- 次のチャンスを与える

叱る目的は何か？

**相手の成長を願って
意識と行動を改善してもらうこと**

次からこうすればいいのか！
と相手がわかるように伝えて
いるか振り返ろう！

パワーポイントは、
紙芝居のように解説する

　伝わるパワーポイントのプレゼンは、紙芝居のように解説することです。

　映っているスライドから次のスライドに移るときに、つなぎの言葉を言うことを、専門用語で「ブリッジをかける」と言います。ブリッジをかけることができると、まるで紙芝居を観ているように話が展開していき、聴き手も理解しやすくなります。

　パワーポイントでプレゼンする際、スライドが次のスライドのページに変わる際に、話がブツブツと切れてしまうことがあるのです。切れてしまうと、前後の話のつながりがわからなくなって、理解しづらくなってしまうということが起こりがちです。

「スライドをご覧ください。こちらがアサーティブコミュニケーションの定義です。
　では、次のページで、どのような種類があるのかを見てみましょう。こちらが、種類です。全部で3種類あります」

第5章
大勢の前で話す

　このようにブリッジをかけていると、聴衆は物語を聴いているように流れをつかむことができて、すんなり話に集中できます。

　これができるには、話す内容の流れをしっかり把握できていなければいけません。

　パワーポイントを使用する機会がある人には、ぜひ覚えておいてほしいテクニックです。聴き手の満足度と理解度が、格段にアップします。

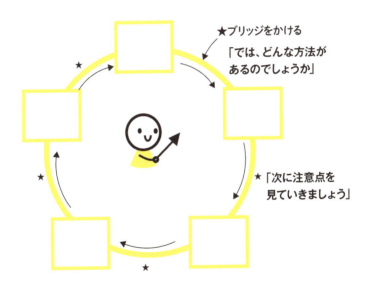

何を言いたかったか、キーメッセージで最後を締める

　プレゼンやスピーチなどで話を締めるとき、20字程度で言いたかった結論の言葉を伝えると、重要なポイントを、聴き手の心に残すことができます。

　ひと言でビシッとまとめたほうが、記憶にとどまりやすくなるので、結論の言葉は、事前に考えておくようにしましょう。

　❌「時間になりましたので、終わります」

　⭕「つまり、私が今日１日の中でお伝えしたかったことは、コミュニケーションの主導権は、聴き手が握るということです。ぜひ、聴く力を磨きましょう。ご静聴いただき、ありがとうございました」
　⭕「最後のまとめとして今一度お伝えしたいことは、『自分の感情の責任は、自分でとる』ということ」
　⭕「仕事の見える化が生産性アップにつながります」

第5章
大勢の前で話す

　プレゼン研修で数多くの人のプレゼンを見ていると、締めの挨拶をはっきりと言わない人や、「ありがとうございます」と言いながら、逃げるように撤収してしまう人がいます。

　スピーチやプレゼン、研修など、人前で話すときに大切なのはどう締めるかです。終盤の状況が、人の印象によく残るからです。せっかく内容がよくても、最後にバタバタしていると、慌ただしい印象ばかり与えてしまいます。

　締めの挨拶は、余韻を持たせるよう、ゆっくり、丁寧に。

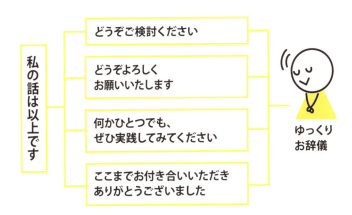

　言葉を言い終えてから、ゆっくりお辞儀をします。
　挨拶とお辞儀を一緒にしてしまうと、慌ただしい動作になってしまうので、分けてください。これを意識するだけで、堂々とした優雅なスピーチになります。

緊張したら、自分の状態を心の中で実況中継

　緊張は、誰でもするものです。ですから、緊張することは悪いことではありません。
　緊張を感じないようにするのではなく、緊張とうまく付き合うというスタンスでいるのがいいでしょう。

　おすすめなのは、緊張している自分を、心の中で実況中継することです。
「なんだか今、手にまで汗をかいてきちゃった」
「心臓の鼓動がいつもより速いかな…」

　実況中継していると、過剰にドキドキする気持ちが和らいできます。
　緊張と向き合うタイミングは人によって異なりますが、ドキドキする気持ちが湧いてきたときに、「あっ、いま緊張しているんだ」と心の中の自分の感情を受け入れてください。
　ドキドキを感じて中継しているうちに、だんだん落ち着いてくるのがわかると思います。

第6章

仕事以外で会話する

ゴールは、
気持ちのよい関係を築くこと

会話中に自分の言いたいことばかり考えている人は嫌われる

　会話をしているとき、自分が話すことばかりを考えて、相手の話に耳を傾けていない人が多くみられます。はっきりと注意されることはありませんが、そういう人は嫌われます。7割以上自分の話をする人は要注意。いつの間にか小さな地雷をたくさん撒いているのと同じです。
「あの人は、人の話を聴いていないから…」
　と評されて、いざというときに信頼されない人になってしまいます。人の話を聴いている人なのかそうでないのか、意外と人は見ているものです。

❌「ところでさー」
❌「はい、はい、はい、はい」
❌「そうなんです。そうなんです。ところでね！」

⭕「あ〜。そうだよね」いったん受けとめる
⭕「うんうん。そういうのもあるね」
　　２回ほどうなずく間をとる
⭕「それで、それで？」

第6章
仕事以外で会話する

何度も同じ話を繰り返す人には、さらりと切り返す

　自分にとってとても大切な話題の場合、本人も無意識のうちに、何度も同じ話を繰り返すことがあります。では同じ話を繰り返す人には、どう対応すればいいでしょうか。

　また同じ話をしていると思っても、「まぁいいか」と思えるなら、はじめて耳にしたふりをするという手もあります。とくに目上の人が相手の場合には、そんな対応もいいでしょう。あまりに度重なる場合や気心が知れた相手のときには、「前にも聞いたよ」とさらっと伝えてもOKです。

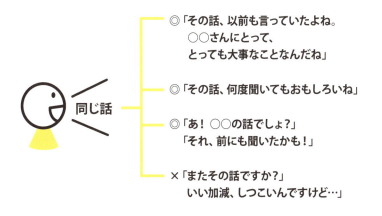

「離婚したい」「会社を辞めたい」という相談を何度もされてうんざりしたとき

　何度も同じ話を相談されたとき、突き放したり、「迷惑だ」ということを言うと、関係に亀裂が入ってしまうことも…。こんなときには、「自分で決めたほうがいいよ」と伝えながらも、強く突き放す言い方はせず、ソフトに言うといいでしょう。

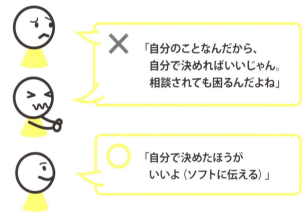

× 「自分のことなんだから、自分で決めればいいじゃん。相談されても困るんだよね」

○ 「自分で決めたほうがいいよ（ソフトに伝える）」

○ 「いろいろ大変だね。ただ私はその分野の専門家じゃないから、アドバイスはしてあげられないな」

POINT　●それでも話してくる場合は「もっと詳しい人に相談に乗ってもらったほうがいいと思う」と再度言って話を切る

第6章
仕事以外で会話する

「悪い！」と思ったら、「今さら」と思わず謝る

　謝るタイミングを逃すと「今さら謝ってもバツが悪い」と思いがちですが、そのままにしておくと、さらに気まずい関係になってしまいます。悪いと思う気持ちは、思うだけでは伝わりません。かならず言葉にしましょう。

　言い訳せずに、素直に伝えることがポイントです。謝罪の姿勢は、思っている以上に人から見られているものだということを忘れずに。

✕「○○さんが不機嫌そうだったから、言えなくなっちゃって…」

POINT　●相手のせいにするのは絶対に NG

○「あのときに本当は謝るべきだったんだけど、つい意地を張ってしまってごめんね」
○「○○さんとはいい付き合いをしていきたいと思っているんだ。あのときは本当にごめんね。これだけは伝えたかったんだ」

相手ではなく、自分が間違っていたとき

✕ 何も言わないで終わりにする
✕「この間のこと、○○さんのせいじゃなかったよー」

POINT ●謝らないでいると、相手にはしこりが残る

○「本当にごめんなさい。間違っていたのは私でした！ちゃんと確認せずに言ってしまったこと、とても恥ずかしく、申し訳ないと思っています」

POINT ●相手が間違っていると言ってしまったこと、そもそも間違っていたこと、両方について詫びる

子どもに対して

○「ごめんね。あなたがなくしたと思っていたけれど、おかあさんが片づける場所を間違っていたみたい」

POINT ●謝る親の背中を見せたほうが、子どもも見習うようになる

第6章
仕事以外で会話する

落ち込んでいる相手には励ますよりも「話して楽になるなら聴くよ」

　相手が落ち込んでいるときに避けたいのは、むやみに励ますことです。落ち込んでいる背景にはさまざまな事情があるので、状況がわからないときには、踏み込みすぎずに「何かあったら声をかけてね」というスタンスでいるようにしましょう。

　❌「なんか元気がないけど、頑張ろうよ！」
　❌「元気を出して！」
　⭕「何かあった？　ちょっといつもと違う感じがしたから気になって。話して楽になるのであれば、私でよかったら聴くからね」

197

お悔やみの気持ちは、言葉少なく思いを込めて言う

「ナイーブなことである分、なんと声をかけたらいいかわからない」とよく質問されるのがお悔やみの言葉です。

一番いいのは、言葉少なく、落ち着いて「ご愁傷さまでした」という言葉をかけることです。どれくらい親しいかにもよりますが、死は人によってとらえ方も異なります。あまり余計なことは言わず、お悔やみの気持ちだけは伝えるようにしましょう。

❌ 話題にまったく触れない
❌ 知り合いと会ったとき、同窓会のように笑って話す

POINT ●斎場では私語を慎むのがマナー

親しい間柄の場合

⭕「突然のことで、なんと言ったらいいか…。何かできることがあったら言ってね」

第6章
仕事以外で会話する

仲良しではない場合

- ○「そうでしたか…。なんと申し上げてよいか…」
- ○「このたびはご愁傷さまでした…」
- ○「これから寂しくなりますね…」

キリスト教式の葬儀の場合

- ○「お知らせいただきありがとうございます。安らかなる眠りをお祈りします」

POINT ●「ご愁傷さまでした」というフレーズは言わない

別れ際の印象は余韻として残る

　何度も振り返って手を振ってくれたり、お辞儀をしてくれたり…。別れ際が爽やかな人がいると、「いい人だなぁ」と思いませんか？　じつは別れ際は、第一印象に匹敵するくらい、印象を左右するのです。

　ある企業では、相手が別れ際に振り返ってお辞儀をしなかったことで契約を打ち切ったこともあるというエピソードがありました。もう一度振り返ってお辞儀をしたり、手を振ったり、別れたあとも笑顔を崩さない…などをぜひ、意識してみてください。

❌　明るく「バイバイ！」と言った瞬間に真顔で去っていく

POINT　●笑顔が嘘だったように感じさせてしまう

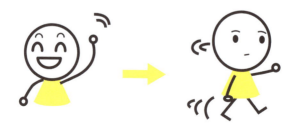

第6章
仕事以外で会話する

❌ 別れ際に、早足で去っていく

POINT ●冷たい人だという印象を与えてしまう

⭕ 5メートルほど歩いたあと、振り返ってお辞儀をする
⭕ 笑顔で手を振って去る
⭕ 別れたあと、「気をつけてね！」と声をかける
⭕ 相手が見えなくなるまで見送る

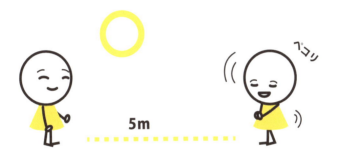

別れ際にひと声かけたいとき

⭕ 「また会いましょうね」
⭕ 「とても楽しい時間でした。ありがとうございました！」
⭕ 「気をつけて帰ってね」

「愚痴を言っていい?」と予告すると受け入れてもらいやすい

　愚痴を言いたくなることは、誰にでもあります。愚痴を聴いてもらいたいときは、はじめに前置きしておくと、相手も受け取りやすくなります。ネガティブな話は、聴いているほうもエネルギーを消耗しますし、忙しくてゆっくり耳を傾けられないこともあるので、相手に配慮する意味でも伝えたほうがいいでしょう。

「今日は夜に用事があってバタバタしているから、明日の夜に話そうよ」と、相手が都合を言ってくれることもあります。人といい関係を築きたいなら、「つらいから聴いて!」というだけでなく、相手の都合への配慮も必要ですね。

第6章
仕事以外で会話する

「○○さんに話してよかった！」ネガティブな内容を話したときこそ伝える

　自分の話を聴いてもらったら、かならずあとでお礼を伝えましょう。なんの音沙汰もないのは、とても失礼です。

　長くいい関係を築くには、こんなちょっとした配慮は必要です。恩を忘れやすい人は、人との関係が長続きしなかったり、深い関係を築けないという傾向がありますから、いつの間にか無礼なことをしていないか、注意したいところです。深刻な相談の場合には、相談を受けた相手も、その後どうなったか気になります。忘れずに報告するようにしましょう。

自分の話を聴いてもらったら──、

「いつもありがとう」

「○○さんには大変感謝しています」
「今度ぜひお礼をさせてくださいね」

「私も、力になれることがあれば、
　ぜひお声がけくださいね」

紹介してもらったら、その後のお礼と報告が次へつながる

　その人の人間性が表れるのは、人を紹介したとき、されたときです。

　紹介するということは、自分の大事な人をつなげるということ。紹介者としては、どうなったのか気になるものです。ですから、かならず報告をしましょう。

　お礼の気持ちを込めて報告してもらえると、紹介者も安心して、またその人の役に立とうと思います。人といい関係を築きたいなら、大人のルールとして覚えておきたいですね。

○「先日ご紹介いただいた○○さんと、現在、～のようなやりとりをしています。

　（今後、一緒に仕事を進めることになりました）

　（よい方向で話が進んでいます）

　（1週間後に改めてお会いすることなりました）

○「ご紹介いただき、ありがとうございました」

POINT　●「ご紹介いただいたので、ご報告をと思いました」という表現もあり

第6章
仕事以外で会話する

目上の立場だからこそ、話しすぎに注意！

　上下関係のある間柄の場合、よほどでないかぎり、下の立場の人は気をつかいます。ですから、上の立場であるときには、自分で話しすぎていないか省みなければいけません。自粛しなければ、いつまでも話し続けてしまって裸の王様のようになってしまいかねません。上の立場のときほど、まわりへの配慮を忘れないようにしてくださいね。

- ○「○○さんはどう？」
- ○「話しすぎちゃったかな。○○くんは？」
- ○「今日はほかの人の話もたくさん聴きたいな」
- ○「いつも私が話してばかりだから、あなたの話も聴かせてね」

裸の王様…

「余計なお世話！」と思うことには
匂わせながらかわす

　親、友人、ママ友や上司や同僚など…どんな場でも「余計なお世話だなぁ」と思うことを言ってくる人はいるのではないでしょうか。そんなときには、真正面から「うるさいんだよ！」と言うより、上手にかわしたほうがずっとラクです。「これ以上突っ込まないでね」ということを暗に匂わせながらさらりとかわせると、一枚上手な対応ができますよ。

付き合う相手や進路について、親や周囲がうるさく口出ししてくるとき

◯「私が決めたことなので、何も言わないでほしいんだ。いろいろと心配なのはわかるけど、信頼してくれないかな」

反対してくる親に自分の意見を伝えたいとき

◯「反対したい理由はあると思うけど、私が決めたことな

第6章
仕事以外で会話する

ので、ひとまず私の意見は受け入れてほしいんだ。反対ばかりされると悲しいな」

「結婚は?」「子どもはどうするの?」と聞かれたとき

○「神様が決めたタイミングに任せようかと思って」

POINT　●おもしろくかわすのも手

ママ友から、あまり質問されたくないことまで尋ねられたとき

ママ友「ご主人はなんの仕事しているの？」
✕「そんなこと、あなたに関係ないでしょ」

POINT　●イラッとして答えるのはNG

○「夫はけっこう忙しくて土日もあまりいなくてね〜。もう少し休みがあるといいのにな、と思うわ」

ママ友「どこの学校のご出身なの?」

⭕「学生時代って、バイトに夢中であまり学業に専念していなかった気がするわ。それでね(と話題を変える)」

POINT ●答えにくい質問に対して、そらすような回答をする

ママ友があまりにもしつこいとき

⭕「そういうこと、あんまり聞いてほしくないんだ」

第6章
仕事以外で会話する

お金の話題は、逃げずに要点を切り出そう

　お金の話は、とても繊細で言いにくいことである分、たくさんの人からどう話せばいいのかと相談を受けます。一番してはいけないのは、言いづらいからということで、モヤモヤしているのにそのままにし続けることです。我慢していると、あるとき突然感情が爆発して収拾がつかなくなってしまうこともありますし、話し方によっては縁が切れてしまうこともあります。

　相手の価値観と自分の価値観をすり合わせする貴重な機会だと思って、切り出す勇気を持ちましょう。「もっと未来がよくなるため」と発展的にとらえながら話をすると、いい方向でおさまりますよ。

じつは借金があることをパートナーに打ち明けるとき

あ、言い忘れてたけど、借金があるんだ〜

○「もっと早く伝えなければならなかったのだけれど、言いにくくて…。じつは借金が○円あるんだ。これから○円ずつ返していく予定でいるんだ」

○「怒られるだろうな…と思っていたら、言いそびれてしまって。本当にごめんなさい」

心配かけたらどうしようかと思っているうちに言うのが遅くなってしまって、ごめんなさい

POINT
- まずは正直に謝る
- できれば返済の計画も伝えたほうが、相手は安心する

義理の親がお金にルーズで、お金を無心されるのをやめてほしいとき

○「私たちも今の家計でなんとかやりくりするように計画を立てながら生活しています。これ以上、お金に関して協力できないことをご理解いただきたいのです」

第6章
仕事以外で会話する

> POINT ●こちらの状況を知らせたうえで、協力できないことを伝えると断りやすい

結婚を考えているパートナーの貯金額を知りたいとき

✗「あなたの稼ぎが少ないから聞いてるんでしょ」

> POINT ●収入の少なさを指摘するのは絶対にNG

○「これから先、一緒に生活をともにするうえで、知っておきたいなと思って。率直に聞くね。貯金額を教えてもらってもいい？ もちろん、私も教えるので」

自分が家計の管理をする提案をしたいとき

○「私、けっこうお金の管理が得意なんだよね。これから貯められるようにするために、家計は私に管理させてくれないかな」

POINT ●きっちりしたお小遣い制にされるとプライドが傷つく男性もいるため、締めつけすぎずに持ちかけたほうがいい

人からお金を貸してほしいと言われたとき

○「友人にはお金を貸してはいけないって、我が家の家訓なの。ごめんなさい」

貸したお金がなかなか返ってこないとき

○「そういえば、3カ月前に○○円貸したよね。そろそろ返してね〜」

巻末付録

仕事&プライベート
とっさのときの
フレーズ集

職場・仕事編

盛り上がる飲み会を、途中で失礼するとき

○「盛り上がっているときにごめんなさい（申し訳ありません）。明日、早起きしなければならないので、私はここで失礼します。ありがとうございました！」

POINT　●「帰りの電車がなくなるので」「家族の体調があまりよくないので早く帰宅しなければならなくて…」でもOK

入社してきたばかりの新人を飲みに誘いたいとき

○「仕事には慣れた？　もしよかったら、飲みにいかない？　会社の近くにおすすめのお店もあるし。今週か来週で◯◯さんの都合のいい日はある？」

> **POINT**
> - 明るく誘う
> - 当日いきなり誘うよりも相手の都合も聞いて誘う

相手が忙しそうにしているときに、話しかけたいとき

○「□□のことで話したいことがあるんだけど、今いい？」
（同僚、後輩などの場合）

○「□□のことでお話ししたいことがあります。今、5分ほどお時間いただけますでしょうか？」（上司の場合）

> **POINT**
> - 何の件で話したいのか、どのくらいの時間を要するか、ひと言で伝える

とっても忙しい同僚に、仕事をお願いしたいとき

○「忙しい中申し訳ないんだけど、こちらの仕事、優先して取り組んでもらえないかな。5日までに提出しなければいけないんだ」

先輩や上司の指導方法に疑問があり、相手との関係を悪化させずに、自分の意見を伝えたいとき

- 指導の仕方についての場合「私もある程度の経験を積んでいるので、話を聞いていただいてもよろしいですか？」
- 内容についての場合「○○のやり方にするとスムーズになるかと思うのですが、いかがでしょう？」

相手の対応の遅さを改めてもらいたいとき

- 「先日お願いしていた〜ですが、○日までにご対応いただけないでしょうか。□□さんの対応を受けて、こちらも対応しなければなりません。どうぞよろしくお願いいたします」

自分の仕事をあまり評価してもらえていないと感じるとき（上司に対して）

- 「評価の件でお話があります。この半期、私は〜という成果も上げてきました。しかしながら、申し訳あま

巻末付録
フレーズ集

せん、そのことを評価していただいていないように感じています。もし、何かご期待に沿えないことがあったのであれば、率直にお聞かせいただければと思います。ご相談するのには勇気がいりましたが、今後も期待に沿える仕事をしたいと思い、お伝えすることにしました」

自分がミスしたことを報告するとき

○「ご報告したいことがあります。申し訳ありません、○○の件でミスをしました。詳細についてお話しすると…」

POINT
- まずミスをしたことの報告をしたうえで、お詫びの言葉を伝える
- その後、詳細について報告するが、なぜミスをしたのか、今どのような状況か、今後どうするのかを整理して伝える

ミスをしているのに、謝らない部下に意見を言いたいとき

○「○○さん、ミスをするのは誰にでもあることだから以

後気をつけてくれればいいと思うんだ。だけど、そういうときはひと言謝るのは大事だと思うよ」

同じミスを3回以上繰り返してしまった際に、謝罪の気持ちを伝えるとき

○「たびたびミスを繰り返してしまい、本当に申し訳ありません。しかも同じことを繰り返してしまうことはあってはならないことだと深く反省しています。次回はないように気を引き締めます」

何度言っても同じミスを繰り返し続ける部下・後輩に注意をしたいとき

✕「なんで何度も同じミスを繰り返すかな！ バカじゃないの」

POINT ●人格否定の言葉はNG

○「このミスがなくなるようにするにはどうしたらいいと思う？ 些細なことかもしれないけど、これを繰り返されると、会社の信用が落ちてしまうから困ってしま

うんだ」

> POINT ●なぜ繰り返されると困るのかを伝え、相手の事情にも耳を傾けてみる

ベロベロに酔った上司に絡まれたとき

〇「あ。ちょっとお手洗いに行ってきます」(席を立つ)

> POINT ●相手が泥酔しているときには、何を言っても通じない可能性もあるため、席を立って話を中断させるのが得策

お酒に酔って絡んできた相手が、翌日覚えていなくて腹立たしくなったとき

〇「○○さん、昨日かなり酔ってたんですよ。『俺は大王だ！ 俺様に従え！』と言っていましたよ。一応お伝えしておこうかと思って」

〇「お酒の席じゃなかったら、本気で怒っちゃうようなことを言ってたんですよ～」

ほかの同僚に、自分の手柄を横取りされたとき

○ 本人へ伝えるとき「これって、○○さんではなくて、私が担当したことだよね。そのことも報告してほしいんだ」
○ 上司へ伝えるとき「じつはこの部分は私が担当していたこともご理解いただければと思って、報告しました」

何度も同じことを繰り返す部下にガツンと言いたいとき

○「提出期限を守らないということが続いているね。これ以上、繰り返されると本当に困るよ。あなただけの問題ではなく、次の仕事を引き受ける人の進行にも影響を与えること、迷惑をかけるということもわかってほしい」

納期を早めてと依頼したいとき

○「〜の納期ですが、申し訳ありません。○日に早めていただけないでしょうか。なぜかと申しますと…」

> **POINT**
> - 遠回しに言わない
> - 希望の納期と、早めてほしい理由を伝える。納得できる理由であることが望ましい

担当者を変えてほしいとお願いするとき

○「申し訳ありません、お願いがあります。現在の担当の□□さん、ほかの方に変えてはいただけないでしょうか。じつは…（と理由を伝える）」

大事な打ち合わせに遅刻されたとき

○「□□さん、今回の打ち合わせは大事なことを決める（とても大切な打ち合わせ）とお伝えしていました。話し合いのスタートも遅れましたし、遅刻はしないでほしかったです」

メンタルが弱い相手に仕事の指摘やお願いをするとき

✗「こちらの仕事に支障をきたして困るんです」
○「記録に残しておいたほうが、お互いに安心なので、電話ではなくメールでやりとりしませんか？」

POINT
- 理由をきちんと伝える
- 落ち着いて話す
- 終わるときは明るく

取引先の担当者に不手際が多く、仕事に支障をきたしそうなとき

○「○○さん、仕事を一緒にしていくにあたり、改めてお願いしたいことがあります。ここのところ、連絡漏れや期限に間に合わないことなどによるトラブルが続いています。このようなことが今後もあると、仕事に支障をきたすこともご理解いただきたいのです。今後このようなことのないよう、今一度お願いできませんでしょうか」

突然依頼された仕事の急な変更を余儀なくされたとき

○「今回のような急な変更は、言いづらいことではありますが、戸惑います。ご依頼をいただいたことも急なお話でしたし、それがまた変更となると、他のスケジュールにも影響してくることはご理解いただけますでしょうか」

> **POINT**
> - 急な変更についてわかってほしいことを伝える
> - 愚痴や文句を言っているかのように受け取られないように伝える

プレゼンで、即答できない質問を受けたとき

○「申し訳ありません、□□のご質問に関しては私ではわかりかねますので（すぐにご回答できかねますので）、お調べして後日回答したいのですがいかがでしょうか」

マイナス発言が多くて、場の雰囲気を乱す人にひと言言いたいとき

○「いろいろと言いたくなることもあると思うけど、みんなで過ごす時間は楽しくなる話題がいいな」

「社内の人間関係がつらいんです」と後輩から言われたとき

⭕「つらいんだね。どういうことがあったか、教えてくれないかな」

POINT ●まずは相手の思いを聴く

会議で議論が荒れてしまって、仕切り直しをしたいとき

⭕「みなさん、本来のテーマと違う方向に話が進んでいるようなので、ここで一度戻しませんか？」

一方的に言い分を押しつけられたとき

⭕「□□さんのご意見はわかりました。恐れ入りますが、私の意見も聞いてもらえないでしょうか。話し合うことができればと思っています」

巻末付録
フレーズ集

高圧的な上司に厳しく叱責されて、
硬直してしまうとき

- 〇「申し訳ありません」
- 〇「今すぐに整理して言葉にすることができないので、お時間をいただけますでしょうか」

こちらの伝えている意図が伝わらず、
相手に誤解されて受け取られてしまったとき

- 〇「私がお伝えしたことと違うように受けとめていらっしゃるようなので、もう一度話し合いたいのですが、いかがですか？」

自分が知らないことを指摘されたとき

- ✕「そんなこと聞いていなかったんですけど」
- ✕「えっ!? そうなんですか。早く言ってくださいよ」
- 〇「〜なのですね。知らずにいたので、ご指摘いただき助かります」

プライベート編

パートナーが記念日や誕生日を忘れているとき

⭕「○日、私の誕生日なんだ〜(結婚記念日なんだ〜) 忘れてた？」

POINT ●拗ねずに、ひねくれずにストレートに言ってみる

夫(妻)と休日の過ごし方について話し合いたいとき

⭕「休日はどうするか、一度ちゃんと話し合わない？ それぞれが好きに予定を入れてしまって、本当は一緒に出かけようと思っていたとか、頼もうと思っていたことがあったとか、すれ違ってしまうこともあるから」

> **POINT**
> ● スケジュールのすれ違いで不仲になる夫婦も多いため、早い段階で話しておいたほうが◎

たまに夫（妻）に感謝の気持ちを伝えたいとき

○ 食事中などに「今日もごはんがおいしいよ。いつもありがとうね」
○ 帰ってきたパートナーに「いつも一生懸命仕事しているね。ありがとう」

両親への感謝の気持ちをこれまで伝えたことがないけれど、ちゃんと伝えたい

○「なんとなく照れ臭くて、なんて言おうか、どういうときに言ったらいいかと思っていたんだ。今まで本当にありがとう。感謝の気持ちをちゃんと伝えたかったんだ」

ありがとう以上の、感謝の気持ちを伝えたいとき

◯「感激です!」
◯「言葉にできないくらい、感謝の気持ちでいっぱいです」
◯「○○さんに出会えたこと、誇りに思っています」

尊敬できる人物に会えて緊張している中で、お礼を伝えたいとき

◯「○○さん、お会いできてとても嬉しいです。お会いしたら、直接お礼をお伝えしたいと以前より思っていました。〜の件では本当にお世話になり、ありがとうございました」
◯「以前からずっとお会いしたいと思っていました。念願かなってお会いできて、本当に嬉しいです!」

子どもから嘘をつかれたとき

◯「嘘をつかれると悲しいな。本当のことを言ってね。嘘だとわかったときのショックで相手を傷つけることがあるんだよ」
◯「自分を守るためのごまかしや嘘はダメだよ」
◯「なんで嘘をついたかを話してほしいな」

> **POINT**
> - 責める言い方にならないよう、ゆっくり落ち着いて言う
> - 嘘をつくとどういう気持ちになるのか、子どもが理解できる言葉で伝える

パートナーや近しい人に嘘をつかれていたことが判明したとき

⭕「嘘だとわかったとき、信じていただけに、とってもショックだった。どうして嘘をついたのか、話してほしいな」

> **POINT**
> - 責め立てず、嘘だとわかったときに、どう感じたのかを伝える。また必要ならば理由を聴く

いつもしっかり者と思われているけれど、そろそろつらくなってきたとき

⭕「みんなからしっかりしているとか、頼り甲斐があるって言われるのって、ありがたいなと思う反面、それを期待されているのも、正直ちょっとつらくなってきたのよ。しっかりしていると見せなくちゃって。じつは、

私ってけっこうドジもするし、おっちょこちょいなの
　　　よね」
○「こう見えても私も、誰かに頼りたいし、甘えたいなっ
　　て、思っているのよね〜」

相手から傷つくことを言われたとき

○「今の言葉、ショックだわ〜」
○「気にしていたことなので、ちょっとグサッときた」
○「そこまで言われると悲しいな」

POINT　●どんな気持ちになったか、感情を言葉にしたほうが相手に伝わる

腹の立つことを言われて、何日たっても消えない怒りが湧いてきたとき

✕「前からずっと思ったけど、腹の虫がおさまらないから言うね。〜のときに私に言ったこと覚えてる!?」
○「一度は気にしないようにしよう、忘れてしまおうかとも思ったけど、それも難しいくらい私にとっては傷ついたことだったから、言おうと思って。□□のときに

巻末付録
フレーズ集

言われた言葉は、本当に傷ついたし、言ってほしくなかったんだ」

POINT　●感情的に伝えないこと

夫に義理の両親に意見を言ってもらいたいとき

❌「あなたの親なんだから、ちゃんと言ってよね。ほんと面倒だわ。あなたがそもそも日頃からちゃんと言ってくれれば、よかったのに！」

POINT　●夫に文句を言ったり、責め始めるのはNG

⭕「私から言ってしまうと、関係が悪くなってしまうかもしれないので（気を悪くしてしまうかもしれないので）ここは、息子のあなたから言ってもらえないかしら？」

嫌われたくなくて我慢してきたけれど、はっきりと伝えたいとき

⭕「伝える勇気がなくて言えなかったんだけど、大事なこ

とだから言うね」

> **POINT**
> - 相手が受け取りやすいように的を絞る
> - 相手を責めない

当日にキャンセルするとき

○「今日の約束、行けなくなってしまったんです。当日のキャンセル、本当に申し訳ありません。〜という理由があって、行けなくなりました。もし、当日キャンセル料が発生するなら負担するので、あとで教えてください」

> **POINT**
> - どうして当日キャンセルしなければならなくなったのか、理由を伝える
> - 友人の場合には「ごめんなさい」でもOK

ずっと貸している本を返してもらえないとき
（おそらく忘れている）

○「そういえば、前に貸した〜っていう本、読み終わった？ 貸して、という人がいるのでどうしたかな、と思って」

巻末付録
フレーズ集

人に迷惑をかけても謝らない相手に、
腹が立っているとき

○「人に迷惑をかけることをしているんだから、まず先に謝らないと耳を傾けてもらえないよ」

POINT　●もういいかなと思うときには、謝らせたいという気持ちを手放すという選択もある

いつも返信が遅い相手に、
もっと早く返信するようにお願いしたいとき

○「5日の11時までにご返信いただけますか？」

POINT　●メールの文面に期限を記載してしまったほうがいい

何か話をしなければいけない中で、
緊張してしまっているとき

○「今、かなり緊張しております…」

○「じつは、緊張で心臓がバクバクしています」

POINT　●素直に自己開示するほうが好感を持たれる

会話をしている友人の歯に青のりや鼻に鼻くそがついていたとき

○「歯に（鼻に）何かついているみたいだから、鏡で確認してみて」

POINT
●相手が鏡を持っていなかったら、手鏡を差し出す。化粧室にうながすのも◎
●鼻くその場合、親しい友人なら、ナプキンで取ってあげるのもあり

パートナーの匂いが気になったとき

✕「何、この匂い！　くさーい！」

POINT　●相手が傷つく

さりげなくね

○「私しかはっきり言えないことだと思うんだけど、香水（加齢臭、昨晩食べたニンニクの匂い）がちょっと強いかな」

POINT　●他人だと言いづらいこと、他人に気をつかわせてしまったり、嫌われたくないという思いを持って伝える

パートナーから、趣味の悪いプレゼントをされたとき

✗「なにこれ。こんなのいらない」
○「ありがとう。今度から、一緒に買いに行きたいな（選びに行きたいな）」

義理の両親から、ほしくないものをもらったとき

○「お義母（父）さん、ありがとうございます。ゆか（孫の名前）の洋服はけっこうあるので、もしも今後プレゼントしてくださるなら、□□だとありがたいな、と夫と話していたんです」

パートナーから自分の親の悪口を言われたとき

〇「私の親のことをそんなふうに言ってほしくないなぁ。たしかに私の親も問題なところはあるかもしれないけど、そんなふうに言われると悲しい」

> **POINT**
> ●「あなたの親だって！」と相手の親の悪口に発展させると大ゲンカのもとになるので注意

転職や独立など、進路の相談を家族にしたいとき

〇「今後のことで、とても大事なことだから相談したいんだけど、いい？ 転職（独立・進路）のことだから、相談したくて。私は○○に転職（独立）したいと思っているんだ。以前からずっと、もっと現場を知ることのできる職場で働きたくて、これからのことを考えると、一生かけてやりたいと思える仕事がいいし、今決断しないと、後悔する気持ちが残るんだ。驚いたかもしれないけれど、たくさん考えてそうしたいと決めたことだから、できれば応援してほしい」

巻末付録
フレーズ集

胸が小さい、太っているなど、気にしている容姿のことを言われて不快になったとき

○「今、まさに気にしてることだから、それ言われると傷つくな〜」
✕「どうして人を傷つけることを言うかな！ ほんとデリカシーないよね！」と怒って対応する

POINT　●感情的にならずに伝える

ママ友からの誘いを断りたいとき

○「お誘いありがとう！ ごめんなさい、その日は夫の実家に帰る予定があるの。また今度誘ってね」

POINT　●それはしょうがないな、と思わせる理由を言うのがおすすめ

○ 義理の両親から頼まれた用事がある
○ 実家に行かなくてはいけない用事がある
○ 学生時代の友人と久しぶりに会う　など

告白を断るとき

- ⭕「ごめんなさい。ほかに気になる人がいるの」
- ⭕「えっ！ そんなふうに思ってくれていたなんて、びっくり！ ありがとう。でも、今は考えられなくて…ごめんね」

「い、いつなら考えられるの!?」と粘られたら
- ⭕「友達のままでいたいな」

おわりに

　最後までお読みくださり、ありがとうございます。
　コミュニケーションには相手が存在します。その相手がどのように受けとめ、どのような反応をするかは、人によってさまざま。
　時には思いもよらない反応が返ってくるかもしれません。そのため、相手のリアクションが怖くなったり、うまく伝えられるか不安だという声を耳にすることがあります。
　でも、正解は、コミュニケーションをとってみなければわかりません。車の運転のように、最初はうまくいかなくても、場数を踏んでコツをつかむ。思うようにいかない経験もする。その積み重ねで身につくものです。
　勇気を持ってその一歩を踏み出すための1冊になれば、こんなに嬉しいことはありません。
　本書を執筆するにあたり、今回もお世話になった、かんき出版の山下津雅子常務、出版のパートナーとして支え、伴走してくださった星野友絵さんに心から感謝申し上げます。
　お二人のおかげで今回の本がカタチになりました。
　そして私の仕事をいつも応援してくれる夫と息子に。
　今回もありがとう。

2019年2月　　戸田久実

【著者紹介】

戸田 久実 (とだ・くみ)

アドット・コミュニケーション(株)代表取締役
一般社団法人日本アンガーマネジメント協会理事

●──立教大学卒業後、大手企業勤務を経て研修講師に。銀行・製薬会社・総合商社・通信会社などの大手民間企業や官公庁などで「伝わるコミュニケーション」をテーマに研修や講演を実施。対象は新入社員から管理職、リーダーや女性リーダー、役員まで幅広い。

●──講師歴27年。「アンガーマネジメント」や「アサーティブコミュニケーション」「アドラー心理学」をベースとした「言葉がけ」に特化するコミュニケーション指導に定評があり、これまでののべ指導人数は22万人に及ぶ。近年では、大手新聞社主催のフォーラムへの登壇やテレビ出演など、さらに活躍の幅を広げている。

●──著書は『アンガーマネジメント 怒らない伝え方』『アドラー流 たった1分で伝わる言い方』(以上かんき出版)、『働く女の品格』(毎日新聞出版) など多数あり、本書が10冊目の著作となる。

〈イラスト＆図解〉コミュニケーション大百科　　〈検印廃止〉

2019年2月12日　　第1刷発行
2019年3月8日　　第2刷発行

著　者──戸田　久実
発行者──齊藤　龍男
発行所──株式会社かんき出版
　　　　　東京都千代田区麹町4-1-4 西脇ビル　〒102-0083
　　　　　電話　営業部：03(3262)8011代　編集部：03(3262)8012代
　　　　　FAX　03(3234)4421　　　　　振替　00100-2-62304
　　　　　http://www.kanki-pub.co.jp
印刷所──大日本印刷株式会社

乱丁・落丁本はお取り替えいたします。購入した書店名を明記して、小社へお送りください。ただし、古書店で購入された場合は、お取り替えできません。
本書の一部・もしくは全部の無断転載・複製複写、デジタルデータ化、放送、データ配信などをすることは、法律で認められた場合を除いて、著作権の侵害となります。
ⒸKumi Toda 2019 Printed in JAPAN　ISBN978-4-7612-7398-9 C0030